FORTE
na fé

FORTE *na fé*

DEVOCIONAL

100
Devocionais para fortalecer sua intimidade com Deus

KARINA BACCHI

Vida

Editora Vida
Rua Conde de Sarzedas, 246 — Liberdade
CEP 01512-070 — São Paulo, SP
Tel.: 0 xx 11 2618 7000
atendimento@editoravida.com.br
www.editoravida.com.br
@editora_vida /editoravida

Todas as citações bíblicas e de terceiros foram adaptadas segundo o Acordo Ortográfico da Língua Portuguesa, assinado em 1990, em vigor desde janeiro de 2009.

■

Direção: Renan Menezes
Editora-chefe: Sarah Lucchini
Editora responsável: Bárbara Bie
Assistente editorial: Jaqueline Angelica
Revisão: Rosalice Gualberto
Revisão de provas: Thaís P. Gomes
Coordenadora de design gráfico: Claudia Fatel Lino
Projeto gráfico e diagramação: Marcelo Alves de Souza
Capa: Lira Lira

As opiniões expressas nesta obra refletem o ponto de vista de seus autores e não são necessariamente equivalentes às da Editora Vida ou de sua equipe editorial.

Os nomes das pessoas citadas na obra foram alterados nos casos em que poderia surgir alguma situação embaraçosa.

Todos os grifos são do autor, exceto os indicados.

1. edição: jun. 2025

Dados Internacionais de Catalogação na Publicação (CIP)
(Câmara Brasileira do Livro, SP, Brasil)

Bacchi, Karina
+ forte na fé : 100 devocionais para fortalecer sua intimidade com Deus / Karina Bacchi. – 1. ed. – São Paulo : Editora Vida, 2025.

ISBN 978-65-5584-741-3
e-ISBN 978-65-5584-742-0

1. Bíblia - Estudos 2. Devoção a Deus 3. Devoções diárias - Cristianismo 4. Escrituras cristãs 5. Fé (Cristianismo) 6. Literatura devocional 7. Palavra de Deus I. Título.

25-271079 CDD-242

Índice para catálogo sistemático:

1. Literatura devocional : Cristianismo 242
Aline Graziele Benitez - Bibliotecária - CRB-1/3129

Dedicatória

Ao meu Senhor e Salvador, Jesus Cristo,
que, com Seu sacrifício, libertou-me
e deu-me uma nova vida e uma
esperança que jamais falha.

Ao Espírito Santo, meu conselheiro fiel, guia
constante e melhor amigo, pois sem Sua
presença, esta jornada seria impossível.

Aos meus pais, companheiros leais que
caminham comigo em amor desde os
primeiros passos na vida e na fé, e ao meu
filho, o presente mais precioso que Deus me
confiou. Vocês são reflexos vivos do amor
de Deus em minha história.

Cada página deste devocional carrega um
pouco da minha caminhada com Cristo,
e eu o dedico a vocês, que fazem parte da
história que Ele continua escrevendo em
mim com graça, amor e propósito eterno.

Sumário

Carta para a leitora

Querida amiga,

Existe um lugar onde o coração descansa, onde a alma encontra abrigo e o espírito se fortalece. Esse lugar não é físico, é presença. É o espaço íntimo onde nos encontramos com Deus, dia após dia, em meio à rotina, ao silêncio, às lágrimas ou aos sorrisos. É ali, nesse encontro diário, que a fé amadurece, que a vida ganha sentido, que as feridas são saradas e o amor nos envolve por inteiro.

Este devocional nasceu do anseio de cultivar essa intimidade com o Pai. Não apenas nos momentos de necessidade, mas em todos os dias. Descobri, ao longo da minha jornada, que conhecer a Deus não é um marco isolado, mas um caminhar constante. É acordar com o coração rendido, buscar Sua voz em meio ao barulho e encontrar Nele a força para prosseguir.

A oração se tornou minha conversa mais verdadeira. A Palavra, o alimento que me sustenta. E o tempo com Deus, meu refúgio sagrado. Nem sempre é fácil manter o ritmo, mas é nesse compromisso de amor que somos transformadas. Cada encontro com Ele renova a esperança, fortalece a fé e nos lembra de que não estamos sozinhas.

Ele está perto, tão perto, esperando apenas que abramos espaço e O priorizemos.

Minha oração é que você experimente isso também. Que, ao mergulhar nestas páginas, o Espírito Santo aqueça seu coração e desperte em você uma sede por mais. Que você deseje não apenas acumular informações sobre Deus, mas conhecer Sua presença profundamente, ouvir Sua voz, caminhar ao Seu lado e crescer em fé dia após dia.

Este devocional é um convite a desfrutar de intimidade com o Pai. A buscá-Lo com constância. A encontrá-Lo nas pequenas e grandes coisas. A redescobrir a alegria de estar com Jesus, não por obrigação, mas por amor. Que cada mensagem seja como um sussurro do Céu, lembrando-a de que o Criador a chama pelo nome, deseja caminhar com você e revelar-lhe o Seu coração.

Vamos trilhar juntas esta jornada de fé, sensibilidade espiritual e crescimento? Há um lugar preparado só para você na presença Dele. E é ali onde tudo se transforma.

Com amor,

***Karina Bacchi**, sua irmã na fé.*

1 Jesus, a razão de viver

"SEM FÉ É IMPOSSÍVEL AGRADAR A DEUS, POIS QUEM DELE SE APROXIMA PRECISA CRER QUE ELE EXISTE E QUE RECOMPENSA AQUELES QUE O BUSCAM." (HEBREUS 11.6)

"Quem prioriza a presença de Deus nunca anda sozinha."

Quantas vezes dizemos que não tivemos tempo para orar, ler a Palavra ou simplesmente silenciar o coração ansioso diante de Deus? A correria, as tarefas e as demandas do dia parecem se empilhar como barreiras entre nós e o Senhor. Mas, no fundo, sabemos: muitas vezes não é por falta de tempo que deixamos de buscá-Lo, mas por falta de prioridade.

Buscar a Deus não pode ser a última opção, o "se der", o que sobra depois de tudo. Ele é o centro da vida abundante que desejamos. É no encontro com Ele que nossa fé se fortalece, nossa identidade se alinha e o coração encontra descanso. Quanto mais O buscamos, mais O encontramos. E quanto mais O encontramos, mais percebemos que nada se compara à Sua presença.

"JESUS NÃO É APENAS O INÍCIO DA NOSSA FÉ, ELE É O SUSTENTO DIÁRIO DELA."

Há promessas lindas para aquelas que decidem colocar o Senhor em primeiro lugar. Ele recompensa as que O buscam. Ele dá direção quando tudo parece confuso, paz quando o coração está aflito, força quando a alma se sente fraca e respostas que o mundo não pode dar.

Jesus não é apenas o início da nossa fé, Ele é o sustento diário dela. Quando priorizamos estar com Ele, a vida ganha nova perspectiva. Passamos a ver com os olhos da eternidade, a caminhar com firmeza mesmo em terrenos incertos, e a descansar mesmo em meio às batalhas, porque sabemos em quem temos crido.

Hoje, Ele continua chamando seu nome. Não com imposição, mas com amor. Não com exigências, mas com graça. A porta está aberta. Ele espera por você no lugar secreto, no quarto silencioso, no coração rendido. Não perca mais tempo correndo sem direção, mas invista tempo no que realmente importa: na presença de Deus.

Escolha buscá-Lo com todo o seu coração. E você verá: Ele é fiel para se deixar encontrar. Sempre foi. Sempre será.

Conversando com Deus

Senhor amado,

Hoje não venho por costume, mas por escolha. Com o coração aberto, eu Te busco, porque sei que só em Ti há vida verdadeira. Não quero Te colocar em segundo plano. Não quero Te encaixar entre as sobras do meu tempo, mas Te dar o meu melhor.

Perdoa-me por tantas vezes trocar Tua presença por distrações passageiras. Ensina-me a Te priorizar acima de tudo. Que o meu coração deseje mais estar Contigo do que em qualquer outro lugar.

Tu és a recompensa daqueles que Te buscam. Tu és a paz que acalma, a voz que orienta, a presença que transforma. Fortalece minha fé para que eu caminhe contigo todos os dias, mesmo quando não entender o caminho.

Hoje, renovo minha entrega. Escolho Te buscar com constância, com fome e com amor. Abro mão do que me distrai, do que me enfraquece e corro para os Teus braços.

Declaro que pertenço a Ti e que minha casa será um lugar de encontro Contigo, um altar vivo.

Em nome de Jesus,

Amém.

2 Resiliência

"ENTÃO, SE CUMPRIU O QUE FORA DITO PELO PROFETA JEREMIAS: OUVIU-SE UMA VOZ EM RAMÁ, CHORO E GRANDE LAMENTAÇÃO; É RAQUEL QUE CHORA POR SEUS FILHOS E NÃO QUER SER CONSOLADA, PORQUE ELES JÁ NÃO EXISTEM." (MATEUS 2.17-18)

"Diante da sombra do mal, a luz do Senhor aponta o caminho."

Na antiga cidade de Belém, um decreto cruel de Herodes tentou extinguir toda inocência, ordenando a morte de bebês com menos de dois anos. Esse ato desesperado tinha como objetivo erradicar o Messias recém-nascido, desencadeando uma luta entre a luz e as trevas, o bem e o mal.

Assim como em Belém, também somos afrontadas por forças sombrias que ameaçam apagar a pureza dos corações, obstruir o crescimento e enfraquecer a esperança dos filhos de Deus. No entanto, a resistência inabalável de Maria e José e a fé firme dos magos nos mostram que, mesmo diante da maldade mais cruel, a bondade ainda pode triunfar. Você, portadora de amor e esperança, é chamada a ser um farol para outros que caminham em escuridão. Nos momentos mais sombrios, sua resiliência pode ser a luz que os guiará e permitirá ver através das sombras. Quando as provações tentarem derrubá-la, lembre-se daqueles que vieram antes de você, enfrentaram desafios semelhantes e deixaram um legado de coragem.

Considere que, a cada amanhecer, você tem a oportunidade de escolher abraçar a esperança em vez da desolação, o amor em vez da amargura, a resiliência em vez da prostração. Quando escolhe sabiamente, você reafirma seu compromisso com a luz, mesmo cercada pelas trevas. Seu espírito demonstra uma força admirável, seu amor ultrapassa limites e sua determinação em superar os desafios se revela inabalável.

Os obstáculos podem, por vezes, parecer intransponíveis. Haverá momentos em que você se sentirá sobrecarregada pelo peso das circunstâncias. No entanto, assim como a estrela que guiou os magos até o menino Jesus, sempre haverá um sinal, um lampejo, uma centelha de esperança que iluminará seu caminho e a ajudará a permanecer resiliente. Confie no trajeto iluminado pelo Altíssimo. A cada desafio enfrentado, lições podem ser aprendidas e sua força, aumentada. A cada queda, ainda terá a oportunidade de se levantar mais forte. E, mesmo que os desafios sejam intensos, acredite: eles são temporários, a luz sempre encontrará um jeito de brilhar através das sombras.

Portanto, persista em sua jornada. Pois, no fim, serão sua fé, esperança e amor, em Cristo, que superarão qualquer tribulação. A luz do Senhor sempre apontará o caminho certo a seguir.

Conversando com Deus

Amado Senhor,

Eu exalto o Teu santo nome, reconhecendo que és o supremo autor da vida e da salvação e que, em Tua presença, encontro a luz que guia certeiramente meus passos.

Como a estrela divina que guiou os reis magos até Cristo, permite que Tua luz me guie em meio às incertezas e dificuldades que a vida apresentar e fortalece-me para que eu enfrente os desafios com coragem, sempre firme e ancorada na fé que tenho em Cristo.

Como José e Maria obedeceram à Tua voz e não se prostraram de medo diante das dificuldades, que Teu Espírito Santo encha meu coração de ousadia, força e determinação para permanecer firme. Inunda meu coração de amor e ensina-me a confiar plenamente em Tua providência, fazendo de mim um instrumento de paz, conforto e resiliência a quem me cerca.

Declaro que serei resistente e firme com minhas decisões em Cristo. Em todos os momentos, encontrarei em Ti a orientação de que preciso para ser guiada rumo à vitória sobre as adversidades.

Em nome de Jesus,

Amém.

3 Um Deus de promessas

"TUDO ISSO ACONTECEU PARA QUE SE CUMPRISSE O QUE O SENHOR DISSERA PELO PROFETA." (MATEUS 1.22)

"O plano de Deus é único, feito especialmente para cada uma de Suas filhas."

A concepção milagrosa de Jesus, descrita em Mateus 1.18-25, revela o imenso amor e a intenção cuidadosamente elaborada do Criador em relação a nós. Em meio ao complexo emaranhado da vida humana, Deus, com Sua infinita sabedoria, sempre traça desígnios de amor e redenção para você e para toda a humanidade.

Reserve um tempo para refletir: Deus poderia ter escolhido entre diversos modos de enviar Seu Filho ao mundo, mas optou por um método redentor movido por um amor que transcende nossa compreensão. O lugar, a forma, a família na qual nasceu. Essas escolhas não foram aleatórias; são uma prova de que os planos divinos frequentemente superam a lógica humana.

Talvez você esteja enfrentando situações confusas ou desafiadoras. Os propósitos de Deus para sua vida podem parecer nebulosos ou inalcançáveis. No entanto, lembre-se do milagre do nascimento de Jesus. Se Deus foi capaz de realizar um feito tão magnífico, não duvide de que Ele tem maravilhas preparadas para você. O lugar, a forma e o tempo do milagre divino em sua vida podem ser diferentes do que você esperava, mas são sempre a melhor opção!

Muitas vezes, esquecemo-nos de que Deus tem propósitos elevados que vão além da nossa percepção imediata. Os propósitos divinos permanecem mesmo quando nossos sentimentos não. Deus não faz promessas vazias; Ele cumpre cada uma delas. As mais de trezentas profecias que falam do Messias no Antigo Testamento se cumpriram em Jesus Cristo. A partir do nascimento do Salvador, um acontecimento que mudou o curso da história e continua transformando vidas até hoje, evidenciamos que nosso Deus é verdadeiramente um Deus de promessas.

Somos testemunhas vivas do amor divino. Cada respiração, cada amanhecer, cada riso compartilhado é um lembrete de que Ele nos escolheu e traçou um plano especial para nós. Portanto, não perca a esperança; lembre-se sempre de que você é alvo do amor de um Deus que planejou o nascimento de Seu Filho de forma tão impressionante para resgatá-la.

Assim como Ele tinha um propósito para Jesus e realizou cada promessa e milagre, também tem um plano para você. Celebre essa verdade, que merece ser vivida e reconhecida em toda a sua plenitude. Encare cada dia com a convicção de que você é uma peça especial no magnífico plano de Deus e deixe esse entendimento trazer um novo sentido para cada passo que der.

Conversando com Deus

Amado Deus,

Hoje eu me aproximo do trono da graça com o coração cheio de gratidão por entender que Tuas obras são maravilhosas e Tuas promessas não falham.

Reconhecendo os erros e fraquezas que me afastam de Tua vontade, peço que purifiques minha alma. Ajuda-me a não duvidar de Tuas palavras, mas a confiar em cada promessa que graciosamente me entregaste.

Fortalece-me, Senhor, para que eu enfrente com coragem e fé cada adversidade, sabendo que, em Ti, encontro a segurança necessária para avançar com firmeza. Desejo confiar em Tuas promessas, que são abundantes e maravilhosas para mim.

Declaro que cumprirei a missão que me deste e viverei as afirmações bíblicas prometidas aos Teus filhos. Então, dá-me a sabedoria necessária para abraçar minha vocação, celebrando a certeza de que, em Teu plano, encontro o verdadeiro propósito da vida. Minha existência refletirá Tua graça e testemunhará Tua bondade e grandeza a todos ao meu redor, e caminharei sob Tua luz, manifestando o amor e as promessas divinas por onde for.

Em nome de Jesus,

Amém.

4 A âncora da fé

"ENTÃO DEUS DISSE: 'TOME SEU FILHO, O SEU ÚNICO FILHO, ISAQUE, A QUEM VOCÊ AMA, E VÁ PARA A REGIÃO DE MORIÁ. SACRIFIQUE-O ALI COMO HOLOCAUSTO EM UM DOS MONTES QUE EU LHE INDICAREI'." (GÊNESIS 22.2)

"Deus proverá, sua fé iluminará e bênçãos virão."

Talvez você esteja enfrentando montes Moriás na sua vida — momentos de incertezas e provações, em que sua fé e perseverança são colocadas à prova. Nessas horas, lembrar da fé inabalável de Abraão pode trazer conforto e inspiração. Se ele foi capaz de confiar em Deus em uma situação tão extrema, você também pode buscar essa mesma confiança durante as dificuldades que enfrentar.

A primeira lição que Gênesis 22 nos ensina é sobre a importância da obediência. Abraão, diante de uma instrução que parecia impossível, obedeceu. Ele não questionou nem vacilou. Sua fé estava tão sólida que ele estava disposto a fazer o impensável por amor e obediência a Deus. Como Abraão, você pode estar enfrentando decisões difíceis. A obediência nem sempre será fácil, mas é por meio dela que manifestamos nossa verdadeira fé.

Depois, o texto bíblico nos mostra a ideia de provisão. Quando Abraão e Isaque subiam a montanha,

Isaque perguntou onde estava o cordeiro para o sacrifício. Abraão respondeu que Deus proveria. Para todas nós, essas palavras não contam apenas uma história, mas revelam o valor de uma profunda declaração de fé. Acredite que, independentemente de quão sombrias ou desesperadoras as circunstâncias pareçam, Deus proverá. Ele cumpriu essa promessa com Abraão, substituindo Isaque por um carneiro. Em sua jornada, quando enfrentar escassez, perda ou desespero, lembre-se de que Deus sempre provê.

A terceira lição é sobre sacrifício. Abraão estava disposto a sacrificar o que mais amava por sua fé em Deus. Em sua vida, talvez você seja chamada a fazer sacrifícios — seja de seu tempo, recursos ou até mesmo sonhos. Mas é através desses sacrifícios que sua fé será fortalecida e seu caráter, moldado. Os sacrifícios que semeamos hoje frutificarão em bênçãos amanhã. Por essa razão, Abraão foi chamado de "pai da fé".

Abraão apenas obedeceu, creu na provisão e amou a Deus sacrificialmente porque estava ancorado na fé. Cada ato de fé, por menor que pareça, é reconhecido por Deus. Portanto, obedeça, mesmo quando for difícil. Confie que Deus proverá, mesmo sem ver o caminho. Esteja disposta a fazer sacrifícios pelo bem maior, crendo que as bênçãos a seguirão. Em tempos de incerteza, sua fé é uma âncora. E não se esqueça: assim como o Senhor proveu para Abraão, Ele também proverá para você!

Conversando com Deus

Amado Pai,

Não desejo orar apenas com palavras grandiosas, mas principalmente com o coração quebrantado de uma filha querida que busca refúgio nos braços do Pai.

Reconheço que minha fé muitas vezes vacila. Nem sempre sigo Teus caminhos com a firmeza que deveria. Por isso, clamo pela manifestação da misericórdia e do perdão divinos nesses momentos de fraqueza. Ao mesmo tempo, sei que o Teu amor é incondicional e que sempre me acolherás de volta, e essa certeza me enche de paz.

Quando eu tiver de enfrentar montes Moriás, conduze-me com tua luz, assim como guiaste Abraão. Ajuda-me a manter meu espírito obediente e disposto ao sacrifício. Como esse servo de Deus, quero aprender a obedecer, crer e amar sacrificialmente. Sei que, assim como proveste para ele, também proverás para mim.

Declaro que sempre me lembrarei das Tuas promessas e das bênçãos eternas reservadas para aqueles que Te seguem fielmente. Descansarei na certeza de que, em Cristo, tenho acesso à Tua presença e orientação, e meu coração permanecerá firme na confiança de que, a cada passo que eu der em obediência, serei sustentada por Teu amor.

Em nome de Jesus,

Amém.

5 Promessas de um Deus conhecido

"ENTÃO O SENHOR DISSE A ABRÃO: SAIA DA SUA TERRA, DO MEIO DOS SEUS PARENTES E DA CASA DO SEU PAI, E VÁ PARA A TERRA QUE EU LHE MOSTRAREI." (GÊNESIS 12.1)

"Confie e obedeça, uma promessa espera para se realizar."

Sem saber exatamente para onde estava indo, mas confiando em Deus, Abraão partiu. Ele seguiu em frente, embalado pela fé em algo maior. Já parou para pensar que, um dia, poderemos ser chamadas a trilhar caminhos desconhecidos e misteriosos, respaldadas apenas por fé e esperança?

Nem sempre teremos todas as respostas e explicações ao nosso alcance. Haverá momentos em que o futuro parecerá nebuloso e os obstáculos, intransponíveis. No entanto, assim como Abraão, devemos confiar e acreditar que, mesmo nas incertezas, há um propósito divino. A jornada de Abraão nos ensina que, quando seguimos as orientações divinas, somos recompensadas com bênçãos que ultrapassam nossas expectativas.

"Farei de você uma grande nação, o abençoarei e tornarei seu nome famoso; você será uma bênção para outros" (Gênesis 12.2, NVT). Essas palavras ditas a Abraão nos lembram de que, diante de grandes mudanças, há também promessas de prosperidade. Por trás de cada desafio que enfrentamos, não importa sua natureza, há bênçãos esperando para serem reveladas.

Contudo, para que essas promessas se concretizem, é preciso agir. A fé exige ação. Abraão poderia ter ficado onde estava, mas escolheu avançar. Nos momentos de dúvida, lembre-se de que a fé se manifesta não apenas em palavras, mas através das decisões que tomamos. Além de ser chamado a partir rumo ao desconhecido, Abraão também recebeu uma promessa: dele viria uma descendência numerosa e abençoadora. Ao agir movida por fé, você não só conquista bênçãos para si mesma, mas também se torna um farol de inspiração e bênção para os outros. Seus gestos de fé têm o poder de iluminar caminhos e fortalecer aqueles ao seu redor.

Lembre-se de que, como a narrativa da jornada de Abraão, você foi chamada a seguir a palavra de um Deus conhecido, mesmo que Ele a leve por caminhos desconhecidos — nos quais a abençoará abundantemente!

Conversando com Deus

Amado Deus,

Sinto-me verdadeiramente feliz em poder afirmar que fui encontrada por Tua graça e agora Te conheço. Sei que és soberano e poderoso e que, em Teu abrigo, encontro paz. Assim como Abraão, desejo seguir Teus caminhos, confiando plenamente em Tua promessa e direção para minha vida.

Às vezes, mesmo escutando Tua voz guiando-me, meus pés vacilam. Mas tenho a certeza de que, ao me dobrar à sombra da cruz, Tu me acolhes e perdoas.

Nas tempestades e nos momentos desafiadores que enfrento, clamo pelo Teu socorro e proteção, porque apenas Tu podes me guiar e proteger por caminhos de vida eterna. Inspira-me a viver segundo Teus ensinamentos, de modo que eu seja um exemplo de Tua luz, tornando-me um farol de bênçãos, assim como Abraão se tornou para tantas gerações.

Declaro que levarei Tua mensagem de amor a todos que encontrar e seguirei Teus passos com fidelidade e devoção, honrando Teu nome em tudo o que fizer. Confiarei em Teu amor, mesmo quando não entender Teus planos.

Em nome de Jesus,

Amém.

> "QUANDO SEGUIMOS AS ORIENTAÇÕES DIVINAS, SOMOS RECOMPENSADAS COM BÊNÇÃOS QUE ULTRAPASSAM NOSSAS EXPECTATIVAS."

6 A chama da esperança

"DEUS AFIRMOU: 'CERTAMENTE ESTAREI COM VOCÊ. ESTE É O SINAL DE QUE SOU EU QUEM O ENVIA: QUANDO VOCÊ TIRAR O POVO DO EGITO, VOCÊS ADORARÃO A DEUS NESTE MONTE'." (ÊXODO 3.12)

"Mesmo no deserto, a esperança viva pode ministrar ao seu coração."

Assim como a sarça ardente que não se consumia, a chama da esperança pode permanecer viva mesmo diante dos maiores desafios — desde que nosso coração esteja diante da presença de Deus. Em diferentes fases da vida, podemos ser confrontadas com momentos de desespero e profunda angústia, mas é nesses instantes críticos que nossa fé deve brilhar com mais intensidade, iluminando os cantos mais escuros do caminho e abraçando as palavras divinas.

Na história de Moisés, Deus se revelou de maneira emblemática e assegurou que, mesmo quando nos sentimos frágeis e desprotegidas, estamos sob Sua proteção, escuta e amor infinitos. "Vi a aflição do meu povo, ouvi seu clamor e desci para libertá-lo", proclamou o Divino. Essa promessa se estende a nós: nos períodos mais difíceis, não seremos abandonadas. A presença santa nos acompanhará, oferecendo conforto e direção.

A esperança que guardamos, embora pareça pequena, é, na verdade, um reflexo da centelha de fé que cultivamos em Cristo. Ela representa a capacidade de avançar "vendo o invisível". Assim como os israelitas enfrentaram inúmeros desafios, também passamos por provações. Contudo, assim como a eles foi prometido um novo começo, a nós também são concedidos novos começos — ou recomeços — e caminhos de renovação. Não precisamos ser consumidas pelas circunstâncias se a presença de Deus estiver conosco.

Nessa experiência, Moisés ouviu a voz celestial para que, então, aguentasse o peso do caminho no deserto. Busque ouvir essa mesma voz em seu coração também. Você é única, portadora de um propósito especial, imensamente amada e cuidada pelo Pai. A voz de Deus a ensinará a ver oportunidades em cada desafio; degraus para crescer em cada obstáculo e uma chance de resplandecer a chama inextinguível da esperança em cada amanhecer.

Agora, lembre-se da sarça ardente: mesmo nas adversidades mais assustadoras, um fogo de vida interior pode permanecer reverberando e manifestando a esperança que permanece, isto é, a esperança movida pelo amor celestial. Seja inspirada a perseverar, a acreditar no impossível e a manter viva a chama da esperança através da história em Êxodo.

Conversando com Deus

Amado Deus,

Quero conversar contigo de uma forma simples, como uma filha que busca a orientação do pai. Sei que és grande e misericordioso, como a chama divina que refina a minha fé, e a cada dia percebo mais claramente o Teu amor em ação. Sinto que estás ao meu lado, protegendo-me e guiando-me, mesmo nas situações mais difíceis.

Reconheço que não sou perfeita e, muitas vezes, vacilo na esperança viva. Nesses momentos de fraqueza, envolve-me com Tua maravilhosa graça, que me habilita a continuar. Auxilia-me nas dificuldades que enfrentar. Conheces as dores que me cercam e sei que só Tua mão pode me libertar delas, só Tua presença pode manter meu coração esperançoso.

Assim como Moisés desejava ouvir Tua voz, eu também anseio por Teu sussurro em meu coração. Anseio que minha fé em Cristo seja como uma chama que nunca se apaga, uma chama que me mantém firme nos caminhos da fé.

Declaro que viverei a Tua bondade nesta Terra e que, mesmo em desertos, permitirei que minha fé seja renovada e não perderei a esperança. Confiarei em Tua presença e serei cheia da paz divina.

Em nome de Jesus,

Amém.

7 Raiz profunda, frutos abundantes

"NESTE MUNDO VOCÊS TERÃO AFLIÇÕES; CONTUDO, TENHAM ÂNIMO! EU VENCI O MUNDO." (JOÃO 16.33)

"Bons frutos nascem onde a fé e o amor se encontram."

Considere-se um robusto carvalho, solidamente enraizado no solo da fé. Sua força vem da confiança inabalável em Deus e é nutrida em um terreno fértil para crescer e produzir frutos que glorificam o Criador. Em seu coração, é a semente da mensagem do Evangelho que brota e se expande vigorosamente, resistindo aos obstáculos e dificuldades que surgirem ao longo do caminho.

Isso não significa que boas árvores não levem banhos de tempestade às vezes. A chuva cai sobre justos e injustos — sobre árvores que dão bons ou maus frutos. Contudo, mesmo quando isso acontecer, não desanime, pois o próprio Salvador advertiu: "Neste mundo vocês terão aflições; contudo, tenham ânimo! Eu venci o mundo" (João 16.33). Para produzir bons frutos, precisamos da água das tempestades. Não tema; antes, comprometa-se a permanecer dando frutos para a glória de Deus.

Reflita sobre as sábias palavras de Jesus em Mateus 3.8: "Produzi, pois, frutos dignos de arrependimento" (ARA).

Biblicamente, as árvores que não frutificam devem ser podadas, para que frutifiquem, agradando seu senhor. Como árvores que geram bons frutos, recebemos a nobre escolha de cultivar atos que reflitam nossa fé. É a partir de nossas decisões de arrependimento que os frutos são gerados: amor, generosidade, serenidade, empatia. Cada gesto de compaixão e atitude de bondade são como frutos revigorantes para o espírito.

Se o terreno onde você está parece repleto de espinhos e ervas daninhas, lembre-se de que o bom Jardineiro não a abandona. Se está escuro lá fora, lembre-se de que a luz de Deus brilha com mais intensidade nas situações que são mais sombrias. Como árvore plantada junto às águas de vida, você tem a oportunidade e o propósito de abençoar outros: os seus frutos abençoam as pessoas que passam por você!

Portanto, sendo chamada a ser um exemplo de amor e compaixão, à medida que se esforça para produzir bons frutos, você também sacia a fome daqueles à sua volta. Em Cristo, você pode oferecer esperança a outros. A decisão sobre o tipo de fruto que deseja cultivar está em suas mãos. Lembre-se sempre das palavras de Jesus: "Assim, pelos seus frutos vocês os reconhecerão" (Mateus 7.20).

Que sua vida seja marcada por uma colheita abundante, como uma árvore frondosa que espalha a misericórdia de Jesus.

Conversando com Deus

Amado Senhor,

Tu és minha força e sustento. Enraizada em Tua palavra, quero crescer e frutificar para Tua glória. Como boa árvore, desejo dar frutos dignos de arrependimento, frutos que permanecem e que façam Teu nome conhecido.

Conduze-me pelo caminho da retidão, para que eu seja uma árvore que produz frutos de amor e justiça. Ensina-me a permanecer firme diante das dificuldades, confiante de que Tua graça me sustenta.

Quando as chuvas e tempestades se intensificarem, ensina-me a perseverar e ser obediente aos Teus mandamentos. Quando as provações apertarem minha estrutura, que eu possa passar por elas e finalizá-las aprovada, e não reprovada.

Declaro que meus atos refletirão Tua bondade e trarão esperança aos que me cercam. Serei, a cada dia, uma testemunha viva do Teu amor.

Em nome de Jesus,

Amém.

8 Ouça a voz de Deus

"AGORA, POIS, VÁ; EU O AJUDAREI A FALAR, ENSINANDO-LHE O QUE DIZER." (ÊXODO 4.12)

"A voz divina pode guiá-la a viver maravilhas inimagináveis."

Dependendo das situações que enfrentamos, podemos acabar nos sentindo pequenas, sem propósito e sem graça. Assim como Moisés, podemos nos perguntar: Será que realmente tenho a capacidade de enfrentar grandes desafios? Posso cumprir aquilo que Deus me confiou? Contudo, a resposta divina é clara e inabalável para Seus filhos: não dependemos de nossa própria capacidade, mas da capacitação de Cristo em nós.

O que parece ser um simples bastão em nossas mãos pode se tornar, pela fé, um instrumento de milagres. Quando colocados sob a vontade do Senhor, habilidades e dons que parecem pequenos demais podem impactar positiva e profundamente o mundo ao nosso redor. Se guiadas por Deus, nossas palavras e atitudes ganham propósito e autoridade.

Moisés provavelmente se perguntava: "Será que poderei falar sem gaguejar?" ou "Será que este bastão em minhas mãos será suficiente?" A incerteza pode invadir os pensamentos das filhas de Deus, mas a resposta para avançar com convicção está no versículo mencionado:

ouvir a voz de Deus e aprender o que falar a partir dessa direção. Dessa maneira, poderemos estar seguras de que cada passo será guiado pelas amorosas e benevolentes mãos de Deus. Então, tome o bastão que o Senhor lhe entregou, escute Sua voz e siga as instruções divinas!

Portanto, confie nas habilidades que Ele entregou a você. Sonhe sem medo e mantenha a fé de que, mesmo nos momentos de incerteza, podemos ser guiadas pelo Criador. Crer nisso nos habilita a superarmos quaisquer obstáculos. Avance com firmeza e esperança, reconheça a grandeza do chamado que ele graciosamente lhe deu — e a responsabilidade que o acompanha — e permita que cada ação, palavra e pensamento espalhem o propósito divino que lhe foi entregue. Se você escutar Deus, a partir das Escrituras, poderá influenciar outros com coragem e amor, multiplicando o bem, como em um efeito de ondas.

Este é o tempo de confiar, ouvir e falar com sabedoria. Que sua vida seja um eco da voz de Deus no mundo, levando luz àqueles que precisam de direção e esperança.

Conversando com Deus

Amado Pai,

Venho diante de Ti com o coração humilde, reconhecendo Tua majestosa grandeza e a infinita misericórdia que me envolve diariamente. Ensina-me a ouvir Tua voz e a falar com sabedoria, para que eu viva segundo os propósitos celestiais.

Às vezes, sinto-me perdida em meio aos desafios e incertezas da vida. Como Moisés, questiono minha capacidade de cumprir aquilo que me confiaste. Mas és fiel e me prometes que guiarás minha boca, ensinando-me o que devo dizer. Dá-me coragem para proclamar Tua verdade e agir conforme Tua vontade.

Reconheço que nem sempre faço o que é certo e que, muitas vezes, deixo o medo e a dúvida abafarem Tua voz em meu coração. Perdoa-me por cada momento em que deixei de confiar em Ti.

Declaro que eu serei um instrumento da Tua graça e levarei esperança e compaixão a outros. Minhas palavras e atitudes refletirão Teu amor e inspirarão outros a buscar Tua presença.

Em nome de Jesus,

Amém.

"O QUE PARECE SER UM SIMPLES BASTÃO EM NOSSAS MÃOS PODE SE TORNAR, PELA FÉ, UM INSTRUMENTO DE MILAGRES."

9 Tentação ou devoção?

"JESUS LHE DISSE: 'RETIRE-SE, SATANÁS! POIS ESTÁ ESCRITO: ADORE AO SENHOR, O SEU DEUS E SÓ A ELE PRESTE CULTO.'" (MATEUS 4.10)

"Uma fé firme vencerá as tentações e encontrará a verdadeira paz."

Em muitos momentos da vida, recebemos sedutoras e traiçoeiras tentações do mal, como a narrativa registrada em Mateus 4.1-11. Nessa passagem, Jesus foi tentado pelo Diabo no deserto. Trata-se de um episódio bíblico muito importante e necessário para que Jesus começasse, então, a exercer Seu ministério. As tentações malignas não *foram* oferecidas apenas a Jesus, mas *são* repetidamente oferecidas a cada cristão — todos os dias!

Quando nos sentimos física, emocional ou espiritualmente frágeis, podemos ficar mais vulneráveis às mentiras do Inimigo, que nos oferece atalhos para gratificações imediatas. Ele insinua que os prazeres mundanos e as conquistas materiais podem saciar todas as nossas carências. O Diabo sempre usa a mesma tática, incentivando-nos a trocar princípios eternos por prazeres momentâneos.

Ao enfrentar a primeira tentação, quando Satanás o desafiou a transformar pedras em pães para aliviar

Sua fome, o Salvador respondeu com sabedoria: "Está escrito: Nem só de pão viverá o homem, mas de toda palavra que procede da boca de Deus" (Mateus 4.4). Na tentação seguinte, Jesus foi levado ao pináculo do templo e instigado a lançar-se de lá, para que os anjos o levantassem gloriosamente no ar, mas Jesus reiterou: "Também está escrito: Não ponha à prova o Senhor, o seu Deus" (Mateus 4.7). E, então, a terceira tentação foi ainda mais insidiosa, quando Satanás ofereceu a Jesus todos os reinos do mundo em troca de adoração, e Jesus o repreendeu: "Retire-se, Satanás! Pois está escrito: Adore ao Senhor, o seu Deus e só a ele preste culto" (Mateus 4.10).

Observe como Jesus respondeu a cada tentação com a Palavra de Deus, deixando-nos o mesmo exemplo. Sempre seremos tentadas a sermos seduzidas pelos prazeres efêmeros e riquezas temporárias, mas devemos permanecer firmes na fé em Cristo, sabendo que a verdadeira satisfação não provém do pecado, mas da devoção sincera a Deus. Portanto, para resistir às tentações, erga a espada do Espírito, que é a Palavra de Deus. Lembre-se de que, assim como Jesus resistiu às investidas do Maligno, você também possui a capacidade de superar qualquer desafio se tiver a espada em mãos.

Creia, querida irmã, que não estará sozinha, mesmo quando for conduzida a atravessar desertos. A fé na Palavra de Deus conduzirá você a triunfar sobre as estratégias malignas e a alcançar a alegria eterna que há na presença do Senhor.

Conversando com Deus

Amado Pai,

Agradeço profundamente por Tua presença constante em minha vida e pela Tua palavra em meu coração, que me permite resistir aos dardos inflamados do Maligno.

Perdoa-me pelas vezes em que cedi à pressão do Inimigo e aceitei as ofertas e seduções passageiras que foram colocadas diante de mim. Liberta-me das armadilhas traiçoeiras que tentam me desviar da retidão e da pureza que almejo. Fortalece minha alma, para que eu sempre escolha a verdade e a integridade, firmando meus passos na rocha sólida da Tua eterna palavra.

Em Teu amor, encontro segurança e refúgio. Ajuda-me a superar as tentações deste mundo, celebrando a vitória garantida através do sacrifício de Cristo e erguendo bem a Palavra para defender-me nesses momentos. Concede-me a graça de viver de acordo com Teus ensinamentos, irradiando Tua luz e amor a todos ao meu redor.

Declaro que minha vida será um testemunho vivo da Tua misericórdia e graça e que sempre glorificarei Teu santo nome em todas as minhas ações, resistindo ao Diabo e honrando Tua santa Palavra.

Em nome de Jesus,

Amém.

10 Uma jornada de fé

"NO FUTURO, QUANDO OS SEUS FILHOS PERGUNTAREM: 'QUE SIGNIFICA ISTO?', DIGAM-LHES: 'COM MÃO PODEROSA O SENHOR NOS TIROU DO EGITO, DA CASA DA ESCRAVIDÃO [...].'" (ÊXODO 13.14)

"A mão forte de Deus afasta obstáculos e torna o caminho livre."

Às vezes, o peso do mundo parece esmagador, não é? Desastres, pressão social, notícias assustadoras. Quando começamos a afundar sob o peso delas, podemos encontrar alívio na história dos israelitas, guiados por Moisés sob a proteção de sinais celestiais — uma coluna de nuvem durante o dia e uma de fogo à noite.

A partir do momento em que o povo ergueu sua súplica ao seu Deus, a força da presença divina começou a mover céus e terra para libertá-los da opressão sob a qual viviam e, então, conduzi-los pelo deserto que limparia seus corações da influência pecaminosa do Egito. Da mesma forma, quando buscamos a Deus, podemos ser libertadas externa e internamente de opressões malignas e pecaminosas. Como os israelitas no livro de Êxodo enfrentaram desafios enormes, mares intransponíveis e inimigos poderosos, nós também, com fé na presença que nos guia, podemos superar qualquer obstáculo que enfrentemos.

Lembre-se de onde Deus tirou você, da vida opressiva e triste no Egito, isto é, da vida sem Cristo. Relembrar de onde viemos nos faz ver que o Deus que nos tirou do Egito é o mesmo Deus que nos sustentará no deserto e em cada etapa dessa jornada de fé. Observe como sua história é repleta de vitórias e superações que, um dia, pareceram intransponíveis. Celebre cada conquista! Permita que elas sejam lembretes ou fontes de inspiração pelas quais sua fé seja nutrida.

Siga em frente com firmeza, encarando cada desafio como uma oportunidade de crescimento e aprendizado. Celebre cada vitória, por menor que seja, e reconheça a capacidade que o Espírito Santo dá para que grandes milagres sejam vividos. Estamos em uma marcha contínua nessa jornada, não apenas para atravessarmos dificuldades, mas sermos moldadas à imagem de Cristo. E lembre-se de que o Senhor sempre a protegerá com calor durante o frio e com alívio durante dias de quentes provações.

Conversando com Deus

Eterno Pai,

Sei que me ouves, mesmo quando minhas palavras são tímidas e minhas falhas, evidentes. Agradeço pela maravilhosa graça que abre caminho para que eu me renda aos Teus pés diante de Teu trono.

Confesso que muitas vezes murmurei e reclamei do calor ou do frio do deserto. Às vezes, não consegui lidar bem com a pressão deste mundo. Contudo, clamo para que Tua presença continue me tirando do Egito e removendo-o de dentro de mim.

Acredito que Teu amor pode me purificar, dia após dia. Suplico que me libertes dos desafios que parecem insuperáveis, destes que como montanhas se erguem diante de mim. Dá-me a força para enfrentá-los, sabendo que, com Tua ajuda, posso superar qualquer obstáculo.

Declaro que seguirei avançando confiante em Tuas promessas. Nessa jornada de fé, sei que tens um futuro de luz reservado para mim, um futuro em que cada passo que dou é uma manifestação de Tua glória e da Tua vontade, e louvarei o Teu nome a cada instante.

Em nome de Jesus,

Amém.

> "QUANDO BUSCAMOS A DEUS, PODEMOS SER LIBERTADAS EXTERNA E INTERNAMENTE DE OPRESSÕES MALIGNAS E PECAMINOSAS."

11 Roteiro para a felicidade

"BEM-AVENTURADOS OS PUROS DE CORAÇÃO, POIS VERÃO A DEUS." (MATEUS 5.8)

"A luz do amor de Deus resplandece na simplicidade do coração."

Nesse fragmento das Escrituras Sagradas, somos agraciadas com lições profundas sobre o amor incondicional de Deus e guiadas pela voz do Mestre, que nos incita a mergulhar mais fundo no entendimento sobre as verdades do Reino eterno — aqui, começaremos analisando a humildade, uma virtude essencialmente bíblica. Assim como as palavras de Jesus ecoaram naquele monte remoto, somos chamadas a reconhecer nossa profunda necessidade de Deus. Humildade não é pensar de forma negativa sobre si mesma, mas pensar apropriadamente sobre Deus e em Deus.

É notório para todos que este mundo deseja reconhecimento, poder e glória. Por outro lado, os cristãos são incentivados a caminhar sobre a vereda da mansidão e a não buscar a própria exaltação. Somos conclamadas a distribuir misericórdia como chuva sobre os que anseiam por Cristo. Da mesma forma que o Pai Celestial nos recebe com amor compassivo, devemos também estender nossas mãos generosamente e ver as pessoas segundo as lentes amorosas de Deus.

Inspiradas pelas palavras de Cristo, aprendemos a buscar a pureza de coração, um chamado à autenticidade e à incansável busca pela santidade. Ao escolher esse caminho, transformamo-nos em fontes de bênçãos para os outros, espalhando a pureza que emana de nossa união com o Pai Celestial. Ademais, o sermão de Cristo nos ensina que nossa missão é agir como pacificadoras, esforçando-nos para unir corações e aliviar discórdias. O amor de Deus se manifesta através de nós quando atuamos como mediadoras da paz.

Portanto, cultive a humildade, a misericórdia, a pureza de coração e o espírito pacificador. Em todas as circunstâncias, lute pela justiça. Compartilhe a esperança e a fé que residem em seu coração, reconhecendo-se como um instrumento abençoador de Deus neste mundo caído.

Conversando com Deus

Amado Senhor,

Entendo que, um dia, Cristo proclamou ensinos celestiais que seguem sendo necessários até hoje. Ao mesmo tempo, é apenas a Tua graça que pode purificar as imperfeições que me afastam de Ti, e agora me inclino diante do trono da graça.

Permita-me ser uma embaixadora do Teu Reino aqui na Terra e concede-me a força necessária para cultivar a humildade e a pureza de coração, transformando-me em um espelho da Tua mensagem. Dá-me a graça de fazer com que cada ato e palavra sejam testemunhas vivas de Tua presença, para que o Evangelho seja difundido através do meu bom exemplo.

Em momentos de fraqueza, fortalece-me com Tua presença constante e inabalável. Em tempos de dúvida, guia-me com Tua sabedoria infinita!

Declaro que serei um veículo de Tua luz, irradiando bondade e compaixão em um mundo tão carente de amor. Sempre buscarei em Ti a orientação necessária para viver conforme Teus ensinamentos e glorificar Teu nome em tudo o que fizer.

Em nome de Jesus,

Amém.

> "HUMILDADE NÃO É PENSAR DE FORMA NEGATIVA SOBRE SI MESMA, MAS PENSAR APROPRIADAMENTE SOBRE DEUS E EM DEUS."

12 Além dos obstáculos

"NINGUÉM CONSEGUIRÁ RESISTIR A VOCÊ TODOS OS DIAS DA SUA VIDA. COMO ESTIVE COM MOISÉS, ASSIM ESTAREI COM VOCÊ; NUNCA O DEIXAREI NEM O ABANDONAREI." (JOSUÉ 1.5)

"Quando temos fé, os desafios podem nos levar além do que imaginamos."

Você já notou que, sem Cristo, grandes desafios parecem impossíveis de superar? São momentos em que a incerteza e o medo tentam roubar a paz do coração. Contudo, há uma mensagem nas Escrituras que responde a situações assim, e ela foi dada a Josué: "Não se apavore nem desanime, pois o Senhor, o seu Deus, estará com você por onde você andar" (Josué 1.9). O propósito que Deus tinha para Josué ia além das dificuldades momentâneas. Da mesma maneira, Ele não permitirá que você sucumba às aflições: há um propósito para sua vida! Cada desafio e obstáculo que aparece é uma oportunidade para provar que o Senhor não nos desampara.

"Seja forte e corajosa", não só nas batalhas que são visíveis, mas também nas que estão dentro de você, nas lutas silenciosas do cotidiano: dúvidas, inseguranças e medos. Sentir medo é humano; a fé não está na ausência de medo, mas na coragem de seguir em frente e encará-lo, de mãos dadas com Cristo. Quando a solidão pesar em seu coração, olhe ao seu redor e perceba os pequenos milagres do dia a dia, sinais de que você não está sozinha nessa caminhada. Assim como a luz do dia sempre chega após noites escuras, Deus resplandecerá em sua jornada.

O caminho pode ser longo e desafiador, mas é também uma estrada de crescimento e aprendizado. Para uma vida sem a presença divina, é realmente difícil superar crises e tempestades, mas para o cristão é diferente. Como uma árvore que se fortalece a cada tempestade, você vai se robustecer e amadurecer a cada dificuldade superada. Assim como Josué teve o apoio de seu povo, busque apoio em quem ama você — e, claro, em quem ama a Deus. Quando estamos unidas, as dificuldades se tornam mais leves e as vitórias, gratificantes.

Portanto, querida irmã, mantenha sempre a esperança e a fé vivas em seu coração. Não se esqueça de que, seja aonde for, a proteção e a força de Deus estarão com você, orientando e abençoando sua jornada.

Conversando com Deus

Amado Deus,

Reconheço o Teu poder e a Tua infinita misericórdia, que se revelam em cada momento da minha vida. Sob Tua proteção, encontro abrigo, mesmo diante dos desafios que aparecem ao longo do caminho.

Sei que cometo pecados, tanto os visíveis quanto aqueles que estão escondidos no íntimo do meu coração. Por isso, venho humildemente pedir perdão e clamar por Tua graça restauradora, para que me purifiques.

Houve um tempo em minha vida em que as crises me derrubavam e não tinha forças para me levantar, mas Cristo transformou minha história. Portanto, que Tua luz ilumine meu caminho e inspire minhas ações. Dá-me a coragem necessária para superar os obstáculos e a paz para lidar com as provações que surgirem. Em Ti confio e, de mãos dadas contigo, sei que sou capaz de vencer qualquer adversidade.

Declaro que, como Josué, não me apavorarei nem desanimarei, porque Tu Senhor, meu Deus, estarás comigo por onde eu andar. Permanecerei forte e corajosa, obedecendo aos Teus mandamentos.

Em nome de Jesus,

Amém.

> “CADA DESAFIO E OBSTÁCULO QUE APARECE É UMA OPORTUNIDADE PARA PROVAR QUE O SENHOR NÃO NOS DESAMPARA.”

13 Ser sal e luz

"NINGUÉM ACENDE UMA LÂMPADA E A COLOCA DEBAIXO DE UMA VASILHA. AO CONTRÁRIO, COLOCA-A NO LUGAR APROPRIADO E, ASSIM, ILUMINA TODOS OS QUE ESTÃO NA CASA." (MATEUS 5.15)

"O propósito de ser sal e luz da Terra é glorificar o Pai que está nos Céus."

Ao abrir os olhos na alvorada, já reparou na vastidão do céu que nos cobre? Diante do imenso Universo, às vezes podemos nos sentir pequenas e questionar o próprio valor e significado. No entanto, o agir de Deus através de nossa vida não é insignificante, porque fomos chamadas a ser sal da Terra e luz do mundo.

Você já deu uma garfada em uma comida sem sal? A experiência não é nada agradável. O sal é muito importante por diversas razões; ele não só intensifica os sabores das comidas, mas também preserva, protege e realça o que entra em contato. Como sal da Terra, você tem a capacidade de enriquecer a vida de quem está à sua volta. O segredo para isso está em não deixar que o sal perca seu sabor, porque isso significaria perder seu propósito. Portanto, é essencial que você mantenha sua essência, sendo fiel a si mesma e ao chamado que recebeu. Não podemos esquecer a influência bíblica que exercemos sobre o mundo. A cada dia, nosso esforço deve ser de não nos deixarmos abater pelos desafios, mas ressaltarmos a beleza e a bondade que nos cercam.

Agora, o que acontece numa casa quando a luz acaba na hora da família banhar-se, antes de dormir? Sem luz, não podemos enxergar bem e o esforço para cumprir alguns objetivos se torna mais árduo. Na escuridão, encontrar um caminho ou um pouco de esperança pode parecer impossível. Contudo, uma única faísca, por menor que seja, pode iluminar essa escuridão, apontando-nos o caminho a seguir. Seja essa faísca! A luz que brilha dentro de você não serve só para iluminar seu próprio caminho, mas também o de muitas outras pessoas. Com nossas ações e palavras, podemos iluminar e semear esperança nos cantos mais sombrios da Terra. Lembre-se: uma luz escondida não ilumina a escuridão. Portanto, não retenha seu brilho! Deixe que ele irradie!

A partir de cada gesto de amor, você pode salgar a Terra, conferindo sabor e propósito. A partir de cada decisão cristã, você pode iluminar o mundo, dissipando as sombras e espalhando esperança. Que juntas continuemos a enriquecer, iluminar e transformar o mundo, um dia de cada vez.

> "VOCÊ TEM A CAPACIDADE DE ENRIQUECER A VIDA DE QUEM ESTÁ À SUA VOLTA."

Conversando com Deus

Amado Salvador,

Elevo meu coração em louvor e gratidão pelo Teu nome, que brilha além dos céus e da Terra. Tua luz brilhou e prevaleceu sobre as trevas que havia dentro de mim.

Neste momento, confesso minhas falhas e os momentos em que vacilei na fé e deixei que a luz do meu espírito se apagasse. Clamo pelo Teu perdão e pela Tua misericórdia, que tudo transformam. Afasta as trevas que tentam me desviar do caminho de luz que preparaste para mim e meus descendentes. Concede-me a Tua graça para que, a cada dia, eu reflita o amor e a luz da Tua presença.

Fortalece-me para que eu seja útil em Tuas mãos e salgue a Terra com o propósito celestial. Que, através das minhas ações e palavras, eu espalhe a Tua esperança e compaixão neste mundo tão carente.

Declaro que serei um farol de luz e resplandecerei a luz de Cristo na escuridão. Serei uma mensageira fiel da Tua verdade, semeando fé e esperança por onde for.

Em nome de Jesus,

Amém.

14 Escolha a quem servir

"SE ABANDONAREM O SENHOR E SERVIREM A DEUSES ESTRANGEIROS, ELE SE VOLTARÁ CONTRA VOCÊS E OS CASTIGARÁ. MESMO DEPOIS DE TER SIDO BONDOSO COM VOCÊS, ELE OS EXTERMINARÁ." (JOSUÉ 24.20)

"Escolha perseverar nos caminhos do Senhor e, então, o melhor virá."

Você já notou como o mundo se esforça em inventar mais razões para nos entreter e distrair? Nesse redemoinho de informações, é normal vivenciar a sensação de confusão. Josué, um líder admirável, dedicado e leal, lembrou o povo de Israel sobre a importância de escolher bem e conscientemente. Esse princípio é, na verdade, o primeiro passo necessário para viver um futuro de esperança: a decisão de escolher. Cada uma de nós tem o poder de decidir em quem ou no que confiar.

"Sirva ao Senhor com sinceridade e fidelidade". Essas palavras não são apenas um convite, mas um chamado profundo para acolher e abraçar a presença de Deus em nossa vida. Você não está sozinha e não precisa carregar sozinha o peso das sobrecargas diárias. A força sublime de Cristo pode caminhar ao seu lado e aliviar esse fardo. Ao se entregar a essa fé, Ele se torna seu guia e a conduz pela vereda de vida eterna.

É muito fácil se perder no barulho e na correria do cotidiano, prestando devoção a ídolos modernos como o materialismo, o orgulho e a ambição desenfreada. Esses ídolos são ilusórios: oferecem promessas vazias em troca da verdadeira essência da vida, desejam roubar sua verdadeira paz e felicidade. Pense agora sobre sua vida. A quem você tem sido fiel? Quais forças estão moldando seus pensamentos, ações e sonhos? Este é um momento para um olhar profundo dentro de si, reavaliar suas prioridades e, então, redirecionar seu coração.

Servir ao Senhor é muito mais do que repetir palavras; é um compromisso que se revela em cada ato, decisão e palavra que você expressa, refletindo a fé que abraçou. Haverá momentos de provações, quando a dúvida baterá à sua porta e você poderá se sentir tentada a desviar-se do caminho. Contudo, lembre-se sempre das palavras de Josué: "Se, porém, não lhes agrada servir ao Senhor, escolham hoje a quem irão servir, se aos deuses que os seus antepassados serviram além do Eufrates, ou aos deuses dos amorreus, em cuja terra vocês estão vivendo. Eu, porém, e a minha família serviremos ao Senhor" (Josué 24.15).

Hoje, você recebeu uma nova oportunidade: decidir a quem você dedicará seu serviço e vida leal. Você pode ser um farol de fé e dedicação ao único Deus em um mundo que tanto precisa de exemplos assim. Escolha com sabedoria, aja com propósito e aguarde com alegria o que ainda está por vir.

Conversando com Deus

Amado Pai,

A cada novo dia, ao abrir os olhos e ver a luz do amanhecer, sou lembrada da Tua misericórdia. É ela que me dá força, especialmente quando as tempestades da vida tentam me abalar. Sinto-me protegida sob as Tuas asas, onde encontro paz e segurança.

Reconheço que meu coração já se deixou levar por caminhos errados. Às vezes, sou seduzida pelo orgulho e pela vaidade, distraída por ídolos que prometem felicidade temporária — e peço perdão por isso. Sei que só Tu podes me purificar. Preciso que restaures minha alma, para que eu possa Te servir com um coração puro.

Dá-me força, Senhor, para resistir às tentações, entretenimentos e distrações que esse mundo constante e repetidamente me oferece. Não peço apenas por mim, mas também por aqueles a quem amo. Ajuda-os a permanecerem firmes em Teus caminhos, como Josué fez com sua própria família.

Declaro que eu e minha casa serviremos ao Senhor. Meus descendentes rejeitarão os falsos deuses e amarão, íntima e publicamente, ao verdadeiro Deus.

Em nome de Jesus,

Amém.

15 Deus não está ocupado demais para você

"BUSQUEM, POIS, EM PRIMEIRO LUGAR O REINO DE DEUS E A SUA JUSTIÇA, E TODAS ESSAS COISAS SERÃO ACRESCENTADAS A VOCÊS." (MATEUS 6.33)

"O Deus que cuida de lírios e passarinhos certamente cuidará de nós."

Às vezes, somos surpreendidas com notícias e situações que testam os nossos limites de paciência e resiliência. A mulher moderna não enfrenta um leão por dia, mas vários leões! E durante essa rotina, não podemos nos esquecer de uma verdade: ainda que o Universo seja vasto, o Supremo Criador nos vê de maneira atenciosa e personalizada. Deus não está ocupado demais para você.

Quando a ansiedade bate à porta e as preocupações parecem tão grandes quanto montanhas, permita-se um momento para refletir sobre as palavras de Jesus: "Observem as aves do céu: não semeiam, nem colhem, nem armazenam em celeiros. Contudo, o Pai celestial de vocês as alimenta. Vocês não têm muito mais valor do que elas?" (Mateus 6.26). O Deus que zela até pelas criaturas menores, sem dúvida, também se dedica a você. Ele vê cada lágrima, ouve cada suspiro e conhece os desejos mais profundos do seu coração.

Frequentemente, perdemo-nos em ansiedades sobre o futuro, questionando-nos: "O que ocorrerá amanhã? Como lidarei com isso ou aquilo?" Mas a verdade é que só possuímos o *agora*. Jesus nos orienta: "Portanto, não se preocupem com o amanhã, pois o amanhã trará as suas próprias preocupações. Bastam a cada dia os seus próprios problemas" (Mateus 6.34). Essas palavras sugerem que, em vez de nos afundarmos nas brumas da preocupação, devemos focar no momento presente, confiando que cada passo do nosso caminho será graciosamente conduzido por Cristo. Não é necessário ter todas as respostas agora; basta acreditar que elas se apresentarão quando for o momento certo.

Acredite que, mesmo que você não veja uma solução imediata, ela está se formando nos bastidores. Deus, com Sua infinita sabedoria, está orquestrando uma sinfonia de experiências e oportunidades que, eventualmente, revelarão um propósito superior. Eu sei — todas nós sabemos, não é? — que essa jornada pode ser desafiadora. Em alguns momentos, a esperança pode parecer escassa e a fé vacilar. No entanto, quando isso ocorrer, lembre-se de que você é estimada, preciosa e cuidada pelo Arquiteto do Universo. Reconheça que, assim como os pássaros do céu e os lírios do campo, você também é uma criação preciosa, e que Deus nunca está "ocupado demais" para você.

Conversando com Deus

Amado Deus,

O mundo moderno está cheio de atividades, responsabilidades e compromissos. Todos têm pouco tempo. E, às vezes, meu coração vacila pensando que o mesmo se aplica a Ti. Ajuda-me a lembrar que não estás longe ou ocupado demais para mim.

Em algumas ocasiões, minha fé vacilou e meus passos se afastaram do caminho que esperas que eu siga. Peço pela manifestação do Teu perdão sobre essas fraquezas e que me guies de volta à Tua luz. Liberta-me das angústias e preocupações que obscurecem minha mente e coração. Dá-me a força necessária para enfrentar os desafios da vida, com a certeza de que nunca estou só.

Assim como cuidas dos pássaros do céu e adornas os campos com flores, cuida de mim e dos meus amados. Inspira-nos a confiarmos plenamente na Tua providência, sabendo que cada passo está sob Teu olhar atento. "Concede-me a serenidade para aceitar as coisas que não posso mudar, a coragem para mudar aquelas que posso e a sabedoria para discernir a diferença."[1]

Declaro que sentirei a Tua presença em cada momento do meu dia e receberei humildemente o conforto e a orientação divina. Buscarei o Teu Reino em primeiro lugar e não serei consumida pelas ansiedades deste mundo.

Em nome de Jesus,

Amém.

---

1 Oração da Sinceridade, de Reinhold Niebuhr.

16 Muito além da armadura

"DAVI, PORÉM, DISSE AO FILISTEU: 'VOCÊ VEM CONTRA MIM COM ESPADA, COM LANÇA E COM DARDOS, MAS EU VOU CONTRA VOCÊ EM NOME DO SENHOR DOS EXÉRCITOS, O DEUS DOS EXÉRCITOS DE ISRAEL, A QUEM VOCÊ DESAFIOU.'" (1SAMUEL 17.45)

"Diante de obstáculos intransponíveis, levante-se com fé e em nome do Senhor."

Quais são os Golias que têm aparecido em seu caminho? Às vezes, encontramo-nos em cenários parecidos ao da famosa luta entre Davi e Golias, descrita em 1Samuel 17.41-58. Golias era um gigante assustador para o povo de Israel e fez tremer os joelhos da maioria dos soldados. Há dificuldades que são exatamente assim, parecem impossíveis de superar. Contudo, se nos levantamos em nome do Senhor dos Exércitos, sairemos vitoriosas!

Os "Golias" que enfrentamos no dia a dia podem não vestir uma armadura filisteia e reluzente, mas sim tomar a forma de doenças, conflitos familiares, problemas financeiros, barreiras profissionais, dificuldades ministeriais ou enfermidades na alma. Essas tribulações parecem maiores que nossa capacidade de enfrentamento, mas recebemos armas espirituais para batalhar e vencer. Não enfrentaremos essas dificuldades com nossa força, mas no nome do Senhor.

Quando nos deparamos com vulnerabilidades, a verdadeira força que carregamos se revela dentro do coração, e não de forma visível. Golias subestimou Davi por sua juventude e estatura, mas o jovem pastor possuía algo muito mais poderoso que qualquer arma: uma fé sólida no verdadeiro Deus. Esse mesmo fogo arde dentro de cada uma de nós. A fé transforma o que parece impossível em realidade. Portanto, não se deixe abalar pelas vozes do ceticismo. Mesmo diante de dúvidas, zombarias ou questionamentos malignos, é fundamental manter-se firme na fé. Quando a vitória finalmente chegar — e ela chegará —, a glória deve ser dada a quem realmente a merece: Deus. Ele foi quem guiou Davi e é Ele quem nos direciona, dá-nos força, coragem e sabedoria para enfrentar e superar cada obstáculo.

Assim como a vitória de Davi sobre Golias inspirou e fortaleceu toda a nação de Israel, nossa vitória também pode inspirar e fortalecer as pessoas ao nosso redor. Torne-se um exemplo para aqueles que estão enfrentando seus próprios "gigantes" e mostre que, com Deus ao nosso lado, todas as coisas são possíveis. Esse mesmo Deus que esteve com Davi estará ao seu lado. E, com Ele como seu aliado, nenhum desafio é grande demais e nenhum obstáculo é invencível.

Conversando com Deus

Amado Pai,

Sei que és grande e poderoso e governas todas as coisas com uma sabedoria que vai além da minha compreensão. Reconheço Tua majestade e a graça que sempre derramas sobre mim.

Nos últimos dias, tenho enfrentado desafios que parecem gigantes como o próprio Golias. Esses problemas muitas vezes me fazem sentir pequena e vulnerável. Por isso, estou aqui, buscando abrigo em Ti, porque sei que és meu porto seguro.

As dificuldades que enfrento são muitas e, às vezes, sinto-me oprimida por elas. Preciso da Tua força, Senhor, para me libertar das correntes que me aprisionam e dos obstáculos que parecem impossíveis de superar. Lembro-me de como fortaleceste Davi para derrotar Golias e peço que me dês a mesma coragem e fé para superar meus próprios gigantes. Guia-me com Tua mão poderosa pelo caminho da fé.

Declaro que, ao final de cada batalha, olharei para trás e verei não apenas as dificuldades, mas também o cuidado e o amor que sempre recebi de Ti. Minha vida será um claro testemunho de que, com Cristo, qualquer obstáculo pode ser superado e qualquer problema pode se transformar em uma prova da Tua bondade.

Em nome de Jesus,

Amém.

17 A sabedoria de não julgar

"HIPÓCRITA, TIRE PRIMEIRO A VIGA DO SEU OLHO E, ENTÃO, VOCÊ VERÁ CLARAMENTE PARA TIRAR O CISCO DO OLHO DO SEU IRMÃO." (MATEUS 7.5)

"Julgar menos e amar mais é o segredo da verdadeira harmonia."

Jesus nos ensina: "Não julguem, e não serão julgados. Pois, da mesma forma que julgarem, vocês serão julgados; a medida com que medirem será usada como medida para vocês" (Mateus 7.1-2). Essas palavras têm uma sabedoria que transcende o tempo e impactam profundamente nossa vida, porque nos convidam a refletir sobre como nos comportamos em relação aos outros — sejam amigos, familiares, colegas de trabalho ou desconhecidos. O apelo de Jesus é claro: "Abstenham-se de julgar a outra pessoa, pois o julgamento que você fizer voltará para você mesma".

Como humanas, é fácil cair na armadilha de criticar as escolhas das outras sem conhecer as razões que as fundamentam — ou, pior, de condená-las como se fôssemos juízas. No entanto, Jesus nos adverte que, ao fazermos isso, receberemos o mesmo sobre nós. Diante da vontade de condenar, é sábio fazermos uma pausa e pensarmos bem: "Como eu gostaria de ser tratada se estivesse na situação dessa pessoa?" Ao adotarmos essa perspectiva, criamos um espaço para a compreensão mútua em nossas relações.

Jesus continua sua instrução com uma analogia poderosa: "Por que vês o cisco no olho de tua irmã, e não percebes a trave no teu próprio olho?" (cf. Mateus 7.3). Essa imagem nos lembra de que deveríamos estar mais preocupadas com a condição pecaminosa do nosso coração do que com as pequenas falhas do próximo. Quando julgamos precipitadamente, podemos prejudicar não apenas quem está sendo julgada, mas também a harmonia de nossas relações em comunidade.

É importante ressaltar que Jesus não nos incentiva a ignorar comportamentos nocivos ou a nos abster de exortar em amor quando necessário. Porém, Ele nos convida a agir com humildade, reconhecendo que também somos suscetíveis a erros. Devemos nos lembrar de olhar para dentro antes de criticar e, então, permitir que nossas ações reflitam a misericórdia que desejamos receber.

Conversando com Deus

Amado Deus,

Reconheço que Jesus, meu redentor, é meu refúgio e força constante, em quem deposito toda a minha confiança.

Hoje, venho a Ti reconhecendo minhas falhas e pedindo perdão por meus atos impensados e julgamentos precipitados. Peço que ilumines meu caminho, dando-me a capacidade de enxergar meus próprios erros e a graça para corrigi-los.

Concede-me a serenidade e a sabedoria para viver segundo Teus ensinamentos, praticando compaixão e compreensão em todas as minhas ações. Livra-me, Senhor, da tentação de julgar e condenar o próximo e guia-me na prática da empatia e do amor incondicional. Desejo enxergar o mundo com os olhos de Cristo, amar com o Teu coração e tratar todos ao meu redor com a mesma misericórdia que desejo receber.

Declaro que serei um instrumento de paz e harmonia e promoverei entendimento e união em todas as minhas relações, pois desejo ser um exemplo da Tua misericórdia. Espalharei amor e compaixão por onde eu for, e não juízo.

Em nome de Jesus,

Amém.

"DEVEMOS ESTAR MAIS PREOCUPADAS COM A CONDIÇÃO PECAMINOSA DO NOSSO CORAÇÃO DO QUE COM AS PEQUENAS FALHAS DO PRÓXIMO."

18 Os majestosos planos de Deus

"VÁ DIZER A MEU SERVO DAVI QUE ASSIM DIZ O SENHOR: 'POR ACASO, VOCÊ É A PESSOA QUE CONSTRUIRÁ UMA CASA PARA EU MORAR?'" (2SAMUEL 7.5)

"Deus guia, ama e tem maravilhas reservadas para você."

Você já experimentou momentos em que contempla o mundo, caminha pelas ruas ou escuta notícias, e então irrompe em seu peito um forte desejo de contribuir e realizar algo grandioso para a glória de Deus? Como foi com Davi, isso pode acontecer conosco também. Talvez, algumas mulheres se perguntem: "Estou confortavelmente em meu lar. Mas como posso levar e louvar a presença divina de maneira mais significativa?"

Nesse santo ardor de servir, uma resposta pode surgir, surpreendendo-a como aconteceu com Davi. O Criador tem planos magníficos, que superam qualquer expectativa que possamos ter. A história de Davi nos ensina que, embora nos dediquemos a construir e criar em Seu nome, é o próprio Senhor quem, incansavelmente, edifica e cria através de nós. Ele prometeu a Davi que sua linhagem fundaria um Reino eterno — que presente surpreendente e inigualável!

Quando você se sentir chamada a aspirar mais e a ser mais, reconheça que isso faz parte de um plano grandioso que Deus está plantando em seu coração. A fé renasce ao saber que o Arquiteto do Universo a observa com olhos de amor e de *propósito*. Sua fé se fortalece ao entender que, mesmo em momentos de incerteza ou insegurança, uma obra-prima está sendo tecida com os fios de sua vida. Portanto, não deixe que a desmotivação a abata. Mesmo quando seus planos não saírem como o esperado, mantenha a fé firme em Cristo. Confie que há um propósito maior em desenvolvimento e que tudo que é iniciado por Ele certamente chegará a uma gloriosa conclusão.

O futuro que Deus preparou para você é cheio de bênçãos, propósitos e promessas. A cada momento e a cada passo dado, lembre-se: você é amada e valorizada aos olhos Dele. Tenha certeza de que, assim como Davi, maravilhas estão reservadas para seu futuro pessoal e familiar. Entregue-se, confie e acredite.

Conversando com Deus

Amado Deus,

Sinto Tua presença grandiosa e agradeço por essa paz que só Tu podes dar. Estou aqui, sob a sombra da Tua infinita misericórdia, entregando minha alma. Não estou sozinha; sei que tenho o Espírito Santo que me conecta ao Corpo de Cristo. É nesse amor que encontro a força para continuar, mesmo nos momentos mais difíceis.

Podes plantar em meu coração as sementes dos Teus propósitos, para que eu sonhe, sinta e planeje tudo aquilo que preparaste para mim e meus descendentes desde antes da fundação do mundo. Teus planos são maravilhosos e insondáveis, e desejo viver e cumprir cada um deles para a glória do Teu nome.

Minha perseverança às vezes vacila, mas, com a Tua força, sei que posso continuar. Ilumina-me com Tua sabedoria celestial, para que eu entenda e admire as maravilhas que graciosamente me entregas.

Declaro que alegremente viverei o propósito que tens para mim e proclamarei a Tua bondade todos os dias da minha vida.

Em nome de Jesus,

Amém.

> "EMBORA NOS DEDIQUEMOS A CONSTRUIR E CRIAR EM SEU NOME, É O PRÓPRIO SENHOR QUEM, INCANSAVELMENTE, EDIFICA E CRIA ATRAVÉS DE NÓS."

19 O caminho estreito

"MAS ESTREITA É A PORTA E APERTADO É O CAMINHO QUE LEVA À VIDA E SÃO POUCOS OS QUE A ENCONTRAM." (MATEUS 7.14)

"É estreita a passagem que conduz à vida eterna."

O caminho para a Cidade Celestial é estreito e seletivo: é necessário deixar todas as bagagens desta vida, tomar a cruz e seguir os passos do Senhor. Contudo, a recompensa é eterna, maravilhosa e incomparavelmente bela. A passagem estreita mencionada por Jesus em Mateus 7 serve como um lembrete sobre o caminho que devemos escolher. Ele nos adverte que o caminho largo e atrativo parece menos difícil de trilhar, mas não leva à verdadeira alegria e à vida eterna. Pelo contrário, Cristo nos encoraja a entrar pela porta estreita e trilhar o caminho estreito, um caminho marcado por fé, submissão e dedicação ao Pai.

Escolher essa passagem exige determinação. É uma decisão diária de renunciar ao nosso ego, carregar a cruz e caminhar ao lado de Cristo. É um caminho que, embora cheio de provações e renúncias, leva-nos à vida eterna. Nos momentos de dificuldade, pode ser tentador desviar-se para rotas mais curtas e largas, buscando aliviar o

20 Entre desafios e milagres

"NA MINHA ANGÚSTIA CLAMEI AO SENHOR; CLAMEI AO MEU DEUS. DO SEU TEMPLO ELE OUVIU A MINHA VOZ; O MEU GRITO DE SOCORRO CHEGOU AOS SEUS OUVIDOS." (2SAMUEL 22.7)

"Se você tropeçar, a mão de Deus não a deixará cair."

Quando os ventos da vida se levantarem com força e as tempestades parecerem prontas para consumir sua esperança, lembre-se: mesmo nas maiores dificuldades, um poder supremo, o firme abrigo do Criador, está pronto para acolhê-la! Você não está sozinha nesse caminho. Por mais árduos que os tempos se apresentem, lembre-se da promessa de um amanhã mais alegre e da garantia de que você é amada e protegida por um poder que vai além do entendimento humano — repita para si: "o Criador está comigo"!

Considere que você é uma obra preciosa e única. Mesmo nos momentos de incerteza, quando as sombras do desânimo tentam apagar seu brilho, existe uma fortaleza resiliente pronta para defendê-la. Somos peças especiais no grande plano do Criador. Portanto, não deixe que o medo a paralise. Em 2Samuel 22, aprendemos que o Senhor é nosso escudo, libertação e refúgio. Quando você se sentir sobrecarregada e pressionada, feche os olhos e visualize-se abrigada dentro dessa proteção celestial, que a protege contra os dardos disparados pelo Inimigo.

A fé é a luz que dissipa as trevas. Ela é o combustível que nutre a esperança e a impulsiona adiante, mesmo quando os desafios parecem impossíveis. Em Cristo, você possui a força necessária para superar e triunfar. Portanto, nunca subestime a capacidade de Deus em realizar milagres no seu dia a dia. Antes, olhe para o futuro com esperança. *Concentre-se nas possibilidades*, não nos obstáculos.

Creio que, a cada passo dado em fé, a mão poderosa do Senhor guiará você. E essa mão, cheia de amor e cuidado, não vacila nem falha — ela não a deixará cair.

Conversando com Deus

Amado Senhor, meu refúgio eterno,

Louvo a Tua infinita graça, que me cerca nos momentos mais difíceis. Sei que estás sempre presente, especialmente quando as tribulações ameaçam me derrubar.

Quando me sinto perdida e desanimada, vejo Tua luz constante guiando-me através das sombras. É em Ti que encontro a força para continuar, mesmo quando os desafios parecem insuperáveis. Peço, com toda humildade, que me perdoes pelas vezes em que meus passos se desviaram dos Teus caminhos.

Reconheço que sou apenas humana, vulnerável a falhas e dúvidas. No entanto, confio plenamente em Tua proteção e cuidado contínuo. Sei que não estou sozinha, pois Tua presença sagrada me acompanha sempre. Teu amor me ergue quando caio. Se sete vezes cair, sete vezes Teu Espírito Santo me levantará.

Declaro que confio plenamente em Ti e que meu coração repousará seguro em Teu amoroso abrigo. Sei que, independentemente do que acontecer, Tua mão estará sempre estendida para amparar-me. Agradeço-Te por estar sempre presente, por ser meu guia e minha fortaleza.

Em nome de Jesus,

Amém.

> "MESMO NOS MOMENTOS DE INCERTEZA, QUANDO AS SOMBRAS DO DESÂNIMO TENTAM APAGAR SEU BRILHO, EXISTE UMA FORTALEZA RESILIENTE PRONTA PARA DEFENDÊ-LA."

21 A compaixão divina

"O CENTURIÃO RESPONDEU: 'SENHOR, NÃO MEREÇO RECEBER-TE DEBAIXO DO MEU TETO. BASTA QUE DIGAS UMA PALAVRA, E O MEU SERVO SERÁ CURADO.'" (MATEUS 8.8)

"Ancore sua vida na Rocha inabalável e viverá em paz."

Ao explorarmos as Escrituras Sagradas, percebemos que Jesus caminhou lado a lado com aqueles que eram marginalizados, doentes e desfavorecidos. Com amor incondicional, Ele estendeu Sua mão para curar enfermidades, acalmar tempestades e encher de esperança corações mergulhados em trevas. Para Cristo, não importava se o coração da pessoa estava sujo, mas sim que estivesse disposto a receber a mensagem do Reino.

A misericórdia de Deus é como uma bússola poderosa em dias de tempestade. Em momentos de exaustão ou desânimo, Ele está sempre ao nosso lado, pronto para envolver-nos com Sua graça e compaixão. Ele conhece nossas dores, preocupações e aflições, e Sua resposta é sempre repleta de amor. Podemos ancorar nossa vida seguramente em Cristo, e então seremos inabaláveis. Em Mateus 8-9, somos lembradas de que não importa quão grandes sejam os desafios que enfrentamos, o Criador tem o poder de operar maravilhas. Ele cura as doenças mais devastadoras, restaura os de coração quebrantado e transforma vidas de formas inimagináveis. Não há limites para Seu poder restaurador.

A compaixão do nosso Salvador é um bálsamo para as feridas da alma e um oásis no deserto, proporcionando refrigério e renovação para seguir adiante. Quando você encontrar momentos de desespero, ore com fé e entregue suas preocupações a Ele. Assim como a mulher que tocou na orla da vestimenta de Jesus encontrou cura instantânea, você também pode encontrar alívio para suas aflições ao buscar a presença do Senhor, pois Seu amor é abundante e imutável e Sua graça é suficiente para todas as nossas necessidades.

Lembre-se: Deus está ao seu lado, pronto para estender Sua mão amorosa e trazer conforto ao seu coração. Que Mateus 8-9 seja um lembrete constante de que, no cerne do sofrimento humano, a misericórdia divina nos guia para um futuro repleto de esperança. Abra seu coração e avance com confiança, pois Ele zela por você, agora e para sempre. Permita que as lições dessas passagens sagradas sejam um guia constante em sua vida, lembrando-a de que o amor de Deus é uma fonte inesgotável de força, um porto seguro, aonde quer que você vá e em quaisquer circunstâncias que enfrente.

> "QUANDO VOCÊ ENCONTRAR MOMENTOS DE DESESPERO, ORE COM FÉ."

Conversando com Deus

Amado Pai,

Fonte de toda bondade e luz, venho a Ti com um coração grato pela infinita misericórdia divina, que guia meus passos. Tua presença é a rocha firme sobre a qual me apoio. As ondas ao redor podem ser grandes e assustadoras, mas sei que, ancorada em Cristo, estarei segura.

Hoje, lava minha alma com Tua pureza, renovando meu espírito. Assim como Jesus levou cura e paz aos afligidos, clamo para que Tua amorosa restauração alcance cada parte de meu ser e dos meus amados. Tua presença é o alívio em meio às tribulações, o consolo nos momentos de tristeza e a esperança quando o desânimo se aproxima. Fortalece minha fé para que eu enfrente cada desafio com coragem e serenidade.

Declaro que receberei Tua mão amorosa sobre mim e sobre todos que necessitam de Tua graça. Meu caminho será iluminado por Tua divina luz e a paz que excede todo entendimento reinará em meu coração.

Em nome de Jesus,

Amém.

22 Os preceitos divinos

“OBEDEÇA AO QUE O SENHOR, O SEU DEUS EXIGE: ANDE NOS CAMINHOS DELE E OBEDEÇA AOS SEUS ESTATUTOS, AOS SEUS MANDAMENTOS [...].” (1REIS 2.3)

“O poder divino é abundante sobre um coração obediente.”

Você já considerou quais seriam as últimas palavras que diria aos seus filhos? Em um momento como esse, entendemos o que realmente tem importância nesta vida. As palavras que o rei Davi usou e entregou ao seu filho Salomão representavam o que, de fato, é valioso segundo a ótica da eternidade: escolher os caminhos de Deus e permitir-se traçá-los fielmente. Quando nos encontramos com desafios e nos sentimos sobrecarregadas, esse é o conselho que pode fortalecer a nós mesmas e aos nossos descendentes.

Davi instou seu filho: “Seja forte, obedeça aos preceitos divinos e mostre quem você realmente é!” Será que Davi estava estimulando seu filho a não se mostrar vulnerável em momento algum? Certamente não! Ele o incentivou a honrar e acolher a presença divina que pode habitar dentro de cada uma de nós — a presença que se manifesta em nossa vida não pela ausência de dificuldades, mas pela capacidade de permanecermos resilientes frente a qualquer circunstância. Davi sabia que a verdadeira força não está em armas ou exércitos, mas no nome do Senhor dos Exércitos, Aquele que honra nossa integridade, obediência aos mandamentos e retidão. Ele enfatizava que as batalhas mais difíceis são, muitas vezes, aquelas que travamos dentro de nós, e não as externas.

Querida irmã, talvez você sinta que avançar nesse caminho está difícil e que as tempestades têm se tornado intensas. Porém, eu lhe digo o que Davi disse ao seu filho. Persevere em guardar os preceitos do seu Deus. Não subestime o poder divino sobre um coração dedicado em perseverar. Ele tem o poder de transformar realidades, iluminar os cantos mais escuros e fazer a ponte entre o desespero e a esperança. A fé na Palavra de Deus, quando combinada com a ação, pode levá-la a mover montanhas, atravessar oceanos e alcançar estrelas. Mantenha a sua viva, pois ela é a luz que guia seu barco em meio ao nevoeiro da incerteza.

Você nunca estará sozinha nessa jornada. Existe um Deus que caminha ao seu lado, oferecendo apoio e direção a cada passo dado. Entregue-se a Ele e veja como o mundo se desdobrará diante de você, cheio de possibilidades e esperanças renovadas.

> "A VERDADEIRA FORÇA NÃO ESTÁ EM ARMAS OU EXÉRCITOS, MAS NO NOME DO SENHOR DOS EXÉRCITOS."

Conversando com Deus

Querido Deus,

Hoje, venho a Ti em busca de abrigo. Ancorada em Tua presença, sinto-me segura, mesmo quando as tempestades da vida ameaçam me derrubar. Tu és minha rocha firme, meu porto seguro.

Sei que, muitas vezes, deixo-me levar pelas ansiedades deste mundo e de minha carne, mas verdadeiramente desejo ser purificada. Quero caminhar ao Teu lado, guardar os Teus preceitos, acolher Tua presença dentro de mim e honrar Teu nome.

Que Tua Palavra transforme o meu coração para que ela, saindo de minha boca e mostrando meu exemplo de transformação, mude também minha geração. Como Davi fez com Salomão, ajuda-me a ser um exemplo segundo o Teu coração para a minha família.

Declaro que a Tua luz dissipará toda incerteza, revelando-me horizontes de paz e novas promessas. Com Tua orientação e guardando Teus mandamentos de amor, em Cristo, avançarei agradando Teu coração.

Em nome de Jesus,

Amém.

23 Chamada a descansar

"VENHAM A MIM TODOS OS QUE ESTÃO CANSADOS E SOBRECARREGADOS, E EU DAREI DESCANSO A VOCÊS." (MATEUS 11.28)

"Aceitar o convite de Jesus é deixar o peso para trás e receber a paz que este mundo não pode oferecer."

Alguma vez você se sentiu completamente exausta? Aquela sensação de que o mundo inteiro está sobre seus ombros e já não há mais forças para seguir adiante? Jesus diz em Mateus 11.28-30: "Venham a mim todos os que estão cansados e sobrecarregados, e eu darei descanso a vocês. Tomem sobre vocês o meu jugo e aprendam de mim, porque sou manso e humilde de coração, e vocês encontrarão descanso para a alma. Pois o meu jugo é suave, e o meu fardo é leve". Entregue a Ele todas as suas preocupações, medos e ansiedades. O Redentor a recebe com carinho. Ele não quer que você carregue as cargas sozinha. Aproxime-se Dele como está, exausta, suja ou sem fôlego, e observe a transformação que será realizada em sua vida!

A promessa do nosso Salvador é a de um jugo suave e um fardo leve. Ele nos convida para um caminho de paz — da paz que sobrepassa o entendimento. Ao seguirmos

Seus passos, descobrimos os segredos de uma vida harmoniosa e cheia de significado. Jesus nos ensina o valor da mansidão e da humildade, virtudes que nos fortalecem para encarar os desafios com dignidade e coragem. Isso, contudo, apenas pode ser aprendido quando estamos sob o jugo suave de Jesus.

Você foi chamada a desfrutar do descanso de alma que apenas Cristo pode oferecer. Este mundo tem as mãos cheias de convites pecaminosos, destruição, tristezas e falsas esperanças. Por outro lado, nosso Salvador nos chama não para um consolo passageiro, mas para uma transformação profunda. As mãos divinas nos entregam paz abundante. Ele lhe diz: "Venha! Venha como está, minha amada filha!" Com Jesus ao lado, nada é impossível, nenhuma montanha é intransponível.

Deixe que Ele alivie seus fardos e guie seus passos. Assim, a exaustão se transformará em uma paz profunda e duradoura, e você descobrirá que, com Jesus, é possível trilhar um caminho de serenidade.

Conversando com Deus

Amado Senhor,

Sinto-me profundamente feliz e aliviada quando descanso em Teus braços, porque neles encontro abrigo e aceitação. Liberta-me das cargas que pesam sobre meu coração e das preocupações que me afligem. Concede alívio e paz à minha alma. Hoje, eu aceito Teu chamado para repousar em Ti, onde encontro a verdadeira paz.

Enquanto enfrento as dificuldades, fortalece-me e inspira-me a continuar com uma fé firme. Tua presença é meu consolo e força, e em Ti encontro tudo de que preciso.

Permita-me ser um reflexo do Teu amor e paz e iluminar a vida de quem está ao meu redor. Buscarei a Tua face, tanto nos momentos alegres quanto nos tristes, porque sei que és meu apoio em todas as circunstâncias.

Declaro que minha confiança em Ti será sempre sólida e viverei uma vida que glorifique Teu nome, uma vida guiada por Teus ensinamentos e sustentada por Tua misericórdia.

Em nome de Jesus,

Amém.

"AO SEGUIRMOS SEUS PASSOS, DESCOBRIMOS OS SEGREDOS DE UMA VIDA HARMONIOSA E CHEIA DE SIGNIFICADO."

24 A riqueza da sabedoria

POR ISSO, DEUS LHE DISSE: "JÁ QUE VOCÊ PEDIU ISSO, NÃO UMA VIDA LONGA, NEM RIQUEZA [...], MAS DISCERNIMENTO PARA ADMINISTRAR A JUSTIÇA, FAREI O QUE VOCÊ PEDIU. EU DAREI A VOCÊ UM CORAÇÃO SÁBIO E CAPAZ DE DISCERNIR [...]." (1Reis 3.11)

"Se você pedir riquezas, poderá acabar perdendo sabedoria. Mas se pedir sabedoria, ganhará muito mais do que pediu."

Ao despertar a cada manhã, você é presenteada com a oportunidade de tomar decisões que impactarão sua vida e a vida de outras pessoas. Quando chegar esses momentos, lembre-se de Salomão. Ele recebeu a possibilidade de pedir qualquer coisa ao Senhor, como riqueza, poder e longevidade, mas ele optou por pedir sabedoria — e, com isso, ganhou também as outras coisas. Essa história bíblica destaca uma verdade eterna: o valor está naquilo que vai além dos sentidos básicos, como a visão e o tato. Em um mundo tão focado em ideais de sucesso material e acumulação de bens, eu convido você a refletir sobre o que realmente importa.

Imagine como seria se, em cada escolha, você priorizasse a sabedoria e o discernimento de Deus. Quantas bênçãos podem nascer a partir de ações não guiadas por impulsos ou pela busca de aprovação alheia, mas por um forte senso de propósito e entendimento divinos? Por outro lado, quantas encruzilhadas acabamos enfrentando por escolher impulsivamente? Nos momentos de provação, quando devemos tomar decisões importantes e as coisas ainda são incertas, é a fé na Palavra de Deus que clareará o caminho e a guiará a superar tempestades.

Deixe-se inspirar pela história de Salomão. Quando falar com Deus em oração, peça que Ele a coroe com sabedoria. Valorize aquilo que verdadeiramente enriquece a alma. Ao escolher dessa maneira, você não só encontrará paz e contentamento, mas também se tornará inspiração para outros.

Lembre-se de que Deus abençoou Salomão por sua escolha sábia de tal maneira que esse homem não apenas recebeu entendimento, mas também riquezas e honra. Assim também Ele reserva recompensas igualmente surpreendentes para aqueles que buscam o que é do Reino dos Céus. As bênçãos que receberemos podem não ser exatamente as que esperamos, mas com certeza estarão alinhadas com os desejos do coração de Deus para você e sua família.

"VALORIZE AQUILO QUE VERDADEIRAMENTE ENRIQUECE A ALMA."

Conversando com Deus

Amado Deus,

Estou aqui para clamar por Tua orientação e força. Reconheço que és a fonte de toda sabedoria e graça, e me coloco humildemente aos Teus pés.

Sei que nem sempre tomo as melhores decisões e que, muitas vezes, falho. Peço que me perdoes e purifiques meu coração de todas essas imperfeições. Ajuda-me a me tornar mais semelhante a Jesus, a cada dia.

Na correria da rotina, é fácil perder de vista o que realmente importa. As tentações e preocupações materiais muitas vezes tomam conta da minha mente e do meu coração. Por isso, preciso de Tua ajuda, Senhor. Concede-me discernimento para perceber o que é passageiro e o que realmente tem valor. Que eu tenha a sabedoria para fazer escolhas que Te agradam e a força para resistir às tentações que surgem.

Declaro que minha vida será um reflexo do Teu amor e justiça. Eu serei uma luz para aqueles ao meu redor, proporcionando esperança e bondade a todos que encontrar. Coroada de sabedoria, minhas ações e palavras sempre Te honrarão.

Em nome de Jesus,

Amém.

25 Palavras curam, palavras ferem

"POIS, POR SUAS PALAVRAS, VOCÊS SERÃO ABSOLVIDOS E, POR ELAS, SERÃO CONDENADOS." (MATEUS 12.37)

"Palavras são como sementes de amor ou de amargura, que sempre cumprem um princípio espiritual: cada um colhe as que planta."

Nossas palavras são como sementes lançadas na terra, cujos frutos nascem ora suaves, ora amargos, dependendo da qualidade de semente que foi semeada. As palavras têm um forte potencial de construir ou destruir, edificar ou derrubar, abençoar ou amaldiçoar, unificar ou fragmentar. Podem funcionar como um bálsamo para curar feridas e inspirar mudanças positivas, e como propagação de amor, quando louvamos, manifestamos gratidão ou motivamos os demais. Mas também podem funcionar como veneno, intoxicando a fé e a motivação de crescer daqueles ao redor.

Como afirmou Jesus, "O homem bom tira coisas boas do seu bom tesouro" (Mateus 12.35, A21). Quando cultivamos um coração bondoso e generoso, e deixamos que nossas palavras reflitam essa essência, os efeitos que surgem em seguida são potencialmente abençoadores. Contudo, é também crucial recordar do efeito potencialmente duradouro de expressões negativas, capazes de agravar feridas emocionais profundas, desfazer amizades e instigar divisão. Jesus advertiu: "Como vocês podem falar coisas boas, sendo maus?" (Mateus 12.34, NAA). Quando permitimos que a amargura, o ódio ou a raiva dominem nossas palavras, envenenamos não apenas os outros, mas também a nós mesmas.

É fundamental compreender que nossos dizeres têm consequências, não apenas nesta vida, mas também na eternidade. Jesus alertou que, no dia do juízo, os homens haverão de dar conta de toda palavra inútil que tiverem falado (cf. Mateus 12.36). Nossas palavras são um registro do nosso caráter e das escolhas que fizemos. Portanto, antes de dizer algo, pare e reflita em oração. Pergunte a si mesma: essas palavras que desejo lançar são verdadeiras, amorosas e necessárias? Contribuirão para o bem-estar dos outros? Edificarão o próximo? Revelarão a presença de Jesus em mim? Peça ao Espírito Santo que encha seu coração de prudência antes de verbalizar o que pensa e, então, deixe-se ser conduzida por Ele.

Enquanto seguidora de Cristo, cumpre a você sujeitar suas palavras aos pés da Cruz. Atente-se para os ensinamentos de Jesus: "Pois, por suas palavras, vocês serão absolvidos e, por elas, serão condenados" (Mateus 12.37). Escolha, então, suas palavras com cuidado, com o coração cheio de amor e a mente focada em Deus. Assim, colherá frutos que glorificarão o nome de Jesus.

Conversando com Deus

Amado Pai,

Fonte de toda bondade e compaixão, venho à Tua presença com profundo respeito e gratidão. Com o coração contrito, confesso meus pecados, especialmente aqueles cometidos por palavras que causaram dor, ferida e desunião. Derrama sobre mim Tua purificação e restaura meu coração e minha mente, afastando todo ressentimento, rancor e ira que ainda me envenenam.

Guia-me em Tua sabedoria e transforma minhas palavras, para que sejam sempre carregadas de bondade e sirvam como canal de amor, unidade e edificação. Que cada expressão pronunciada reflita Tua vontade e leve esperança e força para todos aqueles ao meu redor.

Inspira-me a falar com gentileza, proporcionando cura e fortalecimento a outros através de mim. Concede-me a graça de utilizar minha voz para edificar, encorajar e unir, sempre buscando glorificar Teu santo nome.

Declaro que minhas palavras serão faróis de luz em tempos de escuridão, pacificadoras em momentos de conflito e instrumentos de amor em dias de dor. Cada frase dita será um testemunho de Tua infinita bondade e misericórdia.

Em nome de Jesus,

Amém.

Neste momento, peço que estendas Tua mão sobre mim para guiar-me com a sabedoria divina. Reconheço minhas falhas e, com sinceridade, clamo por Teu perdão, confiando que Tua graça sempre está disponível para me limpar.

Permite que Tua luz eterna ilumine meus passos e fortaleça minha fé e confiança. Quando for confrontada, que eu decida prudente e sabiamente, aproveitando a situação para manifestar o caráter de Jesus. Dá-me discernimento para superar os desafios que surgirem em meu caminho, sabendo que, sob Tua orientação, posso vencer qualquer obstáculo.

Declaro que tomarei decisões acertadas e, com Tua força, enfrentarei prudentemente as lutas da vida. Meu coração estará sempre alinhado com Teus propósitos e minha fé permanecerá firme. Dentro de minha casa e publicamente, serei reconhecida como uma mulher sábia e bem-aventurada.

Em nome de Jesus,

Amém.

> “A SABEDORIA É COMO UMA BÚSSOLA QUE NOS PERMITE TOMAR BOAS DECISÕES.”

27 Por que duvidamos?

"HOMEM DE PEQUENA FÉ, POR QUE VOCÊ DUVIDOU?" (MATEUS 14.31)

"Manter os olhos no Mestre nos ajuda a superar temores e viver milagres."

Imagine que, de repente, você se encontra em meio a um mar agitado, ventos fortes sopram ferozmente e ondas turbulentas parecem querer destruí-la. Às vezes, sentimo-nos assim interiormente. Pode acontecer durante a rotina do dia ou o silêncio da noite, quando os medos e ansiedades aumentam e tentam nos influenciar com pensamentos negativos. Em momentos como esse, lembre-se do encontro divino de Pedro com Jesus, descrito em Mateus 14.28-31. Inicialmente, Pedro teve fé e, quando Jesus lhe disse "Vem", ele se levantou, tocou os pés na água e caminhou sobre ela. No entanto, em um momento de dúvida e incredulidade, Pedro teve medo e começou a afundar. Mesmo enquanto afundava, Jesus lhe estendeu a mão e voltou a erguê-lo. A partir de um amor profundo por Seu discípulo, o Mestre perguntou: "Homem de pequena fé, por que você duvidou?".

Podemos aprender tanto com essa história poderosa. Primeiro, ter fé não significa ausência de dúvidas. Como filhos de Deus em processo de santificação, podemos enfrentar momentos de temores e incertezas, mas o mais importante é como lidaremos com elas. Em vez de permitir que nos afundem, devemos usá-las como uma oportunidade para depender de Deus e buscá-lo. Ademais, crer não é um ato isolado. Assim como Pedro clamou pela ajuda divina em um momento de debilidade, você também pode buscar apoio em Deus e nas boas pessoas ao seu redor.

A relação com Cristo em nossa jornada não é estática, mas cresce à medida que a cultivamos. O mais importante é *manter o foco em Jesus*. Pedro começou a afundar quando desviou seu olhar do Mestre e focou nas grandes ondas à sua volta. Não permita que os grandes desafios que se levantam ao seu redor retirem seus olhos de Jesus. É focando Nele que conseguiremos caminhar sobre as águas e viver milagres. Essa decisão de fé deve ocorrer todos os dias.

Você pode escolher confiar, mesmo quando as circunstâncias parecerem complicadas. Pode optar por crer, mesmo sem entender tudo. Pode decidir caminhar ao lado de Jesus, mesmo que sua fé pareça pequena. Não desanime se, em alguns momentos, sentir-se como o "homem de pequena fé". Jesus está ao seu lado, sempre pronto para estender a mão e erguê-la novamente.

> "NÃO PERMITA QUE OS GRANDES DESAFIOS QUE SE LEVANTAM AO SEU REDOR RETIREM SEUS OLHOS DE JESUS."

Conversando com Deus

Amado Deus,

Sei que, algumas vezes, direciono minha atenção para os lugares errados e por isso me sinto afogando em águas tempestuosas. Peço perdão por quando falhei assim.

Quando as dificuldades se levantam como tsunamis diante de mim, clamo por Tua presença para me guiar e livrar de cada uma. Dissipa as sombras da incerteza e afasta de mim todo medo, para que minha alma seja preenchida com a confiança inabalável em Teu propósito e poder. Que meus olhos estejam sempre voltados para a Tua glória e meus ouvidos atentos à Tua voz. Que Tua força se manifeste em minhas fraquezas e Tua sabedoria me oriente em meio às incertezas.

Quando for chamada a viver o sobrenatural e caminhar sobre as águas, ajuda-me a manter os olhos apenas em Ti. Ainda que as ondas sejam grandes, não quero distrair-me com elas. Guia-me pelo caminho da justiça e da retidão.

Declaro que me tornarei uma mulher de fé que agrada Teu coração. Serei sempre grata por Tua bondade infinita e pelo sacrifício de Jesus, meu Salvador, que abriu o caminho para a reconciliação Contigo. Quando sentir que afundo, clamarei por Teu socorro.

Em nome de Jesus,

Amém.

28 Deus ouve o seu clamor

"AINDA ASSIM, ATENDE À ORAÇÃO DO TEU SERVO E AO SEU PEDIDO DE MISERICÓRDIA, Ó SENHOR, MEU DEUS. OUVE O CLAMOR E A ORAÇÃO QUE O TEU SERVO FAZ HOJE NA TUA PRESENÇA." (1REIS 8.28)

"Quando elevamos o coração em orações, súplicas e ações de graças, quebrantadas, Deus nos escuta e responde."

Quando enfrentamos períodos de surpresas e desafios inesperados, é normal que o coração anseie por conforto. De fato, todas podemos enfrentar momentos assim, como o que enfrentou o rei Salomão. Depois de muita expectativa sobre uma promessa de Deus e a construção do templo, havia chegado o momento da consagração. Era um desafio consagrar algo tão santo e pelo qual o povo tanto esperou (cf. 1Reis 8.22-28).

Nessa inspiradora passagem, Salomão ergue as mãos ao céu e entrega fervorosamente sua oração e seu coração a Deus. Ele volta seu rosto para Deus e clama para que a presença divina estivesse em sua própria vida e entre o povo. Da mesma forma, você também pode elevar seu espírito e descobrir que, quando o Espírito Santo habita em nós, somos revestidas de virtudes bíblicas maravilhosas. É assim que aprendemos a permanecer firmes mesmo em dias difíceis. O rei Salomão apenas podia convidar a presença de Deus ao templo construído, mas nós, através da obra de Cristo, podemos ir além: devemos pedir que Ele habite dentro de nós.

A pergunta levantada aqui é: "Como manter a esperança viva diante de tantos obstáculos, como fez Salomão?" A chave está em constantemente buscar o Criador, com um coração disposto e quebrantado. Permita-se, no secreto da oração, expressar suas emoções, dúvidas e medos.

Você é portadora de uma força imensa. Seu coração, repleto de fé, tem o poder de transformar não apenas a sua vida, mas também a vida de todos ao seu redor. Assim como Salomão elevou seu clamor aos céus, você também pode estabelecer essa conexão celestial e encontrar as respostas de que tanto precisa. Mesmo nos momentos de desalento ou confusão, nunca se esqueça: os Céus sempre ouvem suas orações e Deus está atento às suas súplicas.

> "VOCÊ TAMBÉM PODE ELEVAR SEU ESPÍRITO E DESCOBRIR QUE, QUANDO O ESPÍRITO SANTO HABITA EM NÓS, SOMOS REVESTIDAS DE VIRTUDES BÍBLICAS MARAVILHOSAS."

Conversando com Deus

Amado Senhor,

Eu preciso do derramar do Teu Espírito Santo para não me prostrar ante os desafios e surpresas que surgem no meu caminho. Ilumina minha vida com Tua luz de esperança, trazendo paz ao meu coração inquieto. Com a maravilhosa graça divina, fortalece meu espírito para que eu enfrente cada desafio com coragem e fé.

Como fez o rei Salomão, ajuda-me a sempre clamar e confiar em Ti para qualquer circunstância. Assim como ele consagrou o templo para Tua habitação, eu consagro minha vida, meu futuro e minha família para a habitação e manifestação do Espírito Santo.

Que grande alegria é ser Tua casa! Que grande alegria é receber a doce presença do Espírito dentro de mim! Dá-me a certeza, em cada oração, de que estás sempre atento às súplicas dos Teus filhos.

Declaro que Tua presença será constante na minha vida, guiando cada passo que eu der. Sentirei Teu amor em todos os momentos e ele me inspirará a viver de acordo com a Tua vontade.

Em nome de Jesus,

Amém.

29 O espelho da alma

"NÃO É O QUE ENTRA PELA BOCA QUE TORNA O HOMEM IMPURO, MAS O QUE SAI DA SUA BOCA; ISTO, SIM, O TORNA IMPURO." (MATEUS 15.11)

"Palavras ditas revelam o que está dentro do coração."

Cada uma de nós percorre um caminho espiritual único, uma oportunidade maravilhosa de nos aproximarmos do Criador com um coração cheio de amor e reverência. O versículo mencionado nos faz refletir profundamente sobre a pureza do coração e o poder transformador das palavras. Às vezes, as palavras podem ter efeitos externos: ferir, desanimar, destruir e até matar. Contudo, elas também servem como um espelho que reflete a condição interna da pessoa.

Quando rendemos nossa vida a Cristo, passamos a entender que nos tornamos templo do Espírito Santo. Como templo, devemos ser santificadas e transformadas segundo a imagem de Jesus e para a honra do Criador. O Senhor deseja que nosso processo cristão seja marcado por santidade e pureza a partir da renúncia dos nossos pecados e do arrependimento. Contudo, como seguimos na luta entre carne e espírito, às vezes lançamos palavras destrutivas no calor do momento. Essas palavras devem ser analisadas, porque, na maioria das vezes, refletem pecados escondidos dentro do coração. Jesus nos ensina que são os pensamentos impuros, as palavras destrutivas e as intenções egoístas que podem manchar o templo onde o Espírito habita.

Temos em nossas mãos o poder de escolha, a capacidade de purificar nossa essência e renovar nossa vida espiritual. Quando proferimos palavras de amor e verdade, nossa alma alinha-se à vontade do Criador. Permita que suas palavras sejam como um fluxo de bênçãos, tocando outros corações ao seu redor. Jesus nos encoraja a olhar para a nossa verdadeira natureza. Ele afirma: "Mas as coisas que saem da boca vêm do coração, e é isso que contamina o homem" (Mateus 15.18). Portanto, deixe a luz da graça divina iluminar os cantos mais escuros do seu coração. Abra-se à transformação e permita que o amor de Deus purifique cada parte do seu ser. A chave para honrar a Deus está em amar o próximo como a si mesma, este é o caminho da verdadeira devoção.

Há grande beleza em permitir que o amor de Deus seja revelado através de nossas palavras. Que você seja utilizada para curar, edificar, erguer e dar vida através do que declara!

> "QUANDO PROFERIMOS PALAVRAS DE AMOR E VERDADE, NOSSA ALMA ALINHA-SE À VONTADE DO CRIADOR."

Conversando com Deus

Amado Criador,

Reconheço minhas falhas e, muitas vezes, meu coração cheio de angústia e pecados escondidos manifesta palavras da mesma condição. Peço que purifiques meus lábios com Tua graça e perdoa-me por pensamentos, palavras e ações que não refletem Tua santidade. Transforma-me de dentro para fora, para que minha vida seja um reflexo da Tua bondade e amor. Que minhas palavras edifiquem e espalhem paz e alegria a todos.

Peço Tua orientação em todos os momentos, ajudando-me a resistir às tentações que tentam me afastar dos Teus caminhos. Fortalece minha fé e renova meu espírito, para que eu enfrente os desafios com coragem e sabedoria.

Desejo viver de acordo com Tua vontade, espalhando a luz de Cristo por meio de todas as minhas ações. Agradeço por Tua infinita paciência e por todas as bênçãos que recebo diariamente. Cada dia é uma dádiva, e sou grata por Tua presença constante em minha vida.

Em humildade e gratidão, declaro que depositarei minha confiança em Ti e serei transformada dia a dia, em cada pensamento, palavra e ação. Brilharei Tua luz e serei guiada pelo Espírito Santo.

Em nome de Jesus,

Amém.

30 Uma mensagem profunda

"SE O MEU POVO, QUE SE CHAMA PELO MEU NOME, SE HUMILHAR E ORAR, BUSCAR A MINHA FACE E SE AFASTAR DOS SEUS MAUS CAMINHOS, DOS CÉUS EU O OUVIREI, PERDOAREI O SEU PECADO E CURAREI A SUA TERRA." (2CRÔNICAS 7.14).

"Deus está presente. Ele ouve, perdoa e renova esperanças."

O versículo mencionado faz referência à dedicação do Templo de Salomão. No capítulo anterior, Salomão fez uma longa oração de consagração ao Senhor, para que Ele os escutasse e atendesse suas súplicas mesmo em tempos de crise, secas, pragas, guerras ou exílios. Então, Deus recebeu essa oração e respondeu com as palavras acima. Israel já havia sofrido muito até então, e esse episódio responde à pergunta: existe crise grande demais para nosso Deus?

Segundo as Escrituras, quando se tem um coração quebrantado e contrito, nenhum problema é grande demais para a intervenção divina. Ainda que as situações pareçam demasiadamente intransponíveis, a presença amorosa de Deus é absolutamente grande e profunda para nos alcançar através de Cristo. Assim como Deus prometeu habitar no templo e atender aos clamores do

Seu povo, Ele também está ao seu lado, ouvindo suas orações e secando suas lágrimas.

A mensagem de Deus é clara: quando o Seu povo cumpre os princípios de arrependimento, oração, busca pela Sua presença e mudança de vida, uma profunda restauração acontece. Não pense que você está perdida demais para ser encontrada pelo amor de Deus. Não pense que está ferida demais para ser restaurada. Não pense que está suja demais para ser purificada. Querida irmã, há poder no sangue de Jesus!

E o que significa buscar a face do Criador? É um processo de aproximação, de construir um vínculo íntimo através da oração, da meditação bíblica e do estudo das Escrituras. Mergulhar nas palavras sagradas nos permite entender Seu caráter, Seus desejos e Seus planos para nós. Buscar a face do Criador é começar a ver o mundo segundo as lentes Dele, o que transforma profundamente nossa percepção da realidade.

As promessas de Deus são extraordinárias! Ele promete ouvir, perdoar e curar. Essas não são meras palavras, mas compromissos sagrados que Ele mantém com cada uma de nós. Ao caminharmos em Sua direção e fazermos a nossa parte, Ele certamente cumprirá a Dele. Hoje, decida se aproximar do Criador, reconhecendo sua dependência Dele e buscando Sua presença. Lembre-se de que uma promessa sagrada de escuta, perdão e cura aguarda por você.

Conversando com Deus

Pai Celestial,

Com humildade e reverência, venho a Ti neste momento de oração. Admito minhas falhas e fraquezas, ciente de que sou imperfeita. Peço que olhes para mim com misericórdia e me perdoes, para que eu possa caminhar de acordo com Teus ensinamentos.

Acabei de receber a semente de Tua Palavra, de que sempre escutas a oração de uma filha quebrantada, e é dessa maneira que me aproximo do trono da graça. Como aconteceu nesse episódio bíblico, desejo me humilhar, orar, arrepender-me e buscar a Tua face, para que o nome de Jesus seja conhecido através da transformação em minha vida.

Fortalece minha fé, Senhor, para que eu nunca vacile em meio às dificuldades. Que cada passo que eu der seja guiado por Tua mão e que eu seja um reflexo da Tua glória para aqueles ao meu redor.

Declaro que sempre buscarei Tua face para encontrar em Ti a força necessária para seguir em frente, a paz que acalma minha alma e a alegria de viver de acordo com Tua vontade.

Em nome de Jesus,

Amém.

31 Um coração vigilante

"PORTANTO, VIGIEM, PORQUE VOCÊS NÃO SABEM EM QUE DIA O SEU SENHOR VIRÁ." (MATEUS 24.42)

"Sublime e silenciosamente, a eternidade se aproxima."

Ainda que esta vida visivelmente pareça ser a única, tudo tão real e palpável, não podemos nos esquecer de que existe uma realidade muito mais importante e cada dia mais próxima: a eternidade. Chegará o dia em que o céu se abrirá, as trombetas serão soadas e o desfecho apocalíptico acontecerá. Construções, casas, bens materiais, tesouros, ouro e prata, tudo desta Terra deixará de ter valor. A Bíblia nos diz que até mesmo o sol escurecerá, a lua não dará mais sua luz, e as estrelas cairão do céu (cf. Mateus 24.29). Você está se preparando para o glorioso dia em que se encontrará face a face com o seu Amado?

As parábolas de Jesus servem como faróis que nos guiam na caminhada espiritual. Reflita sobre a parábola das dez virgens, narrada em Mateus 25. Todas carregavam lâmpadas, mas algumas não possuíam o óleo necessário para fazê-las resplandecer durante toda a noite até a chegada do Noivo. O seu coração é essa lâmpada. Está ele repleto do óleo da fé e da intimidade com Deus? Vigie para não ser surpreendida. A chegada do Senhor será tão súbita quanto o dilúvio que pegou desprevenidos os homens na época de Noé.

Devemos estar preparadas, pois o Filho do Homem retornará quando menos se espera. Cada novo dia é uma oportunidade para reforçar nosso vínculo com Deus, para que nos tornemos luz na escuridão e um exemplo para aqueles que ainda estão em engano e mentira. Essa é uma grande responsabilidade, mas não é um fardo. Receber e carregar a graça de Deus não é um peso, mas uma honra. Juntas, podemos compartilhar essa missão. Cada uma, com seus talentos e virtudes, contribui para edificar o Reino de Deus na Terra.

Assim, enquanto seus pés estão nesta Terra, mantenha seus olhos elevados para os Céus. Encare sua missão com amor e fervor, sabendo que a recompensa suprema é a vida ao lado do Pai na eternidade. Em tempos de incerteza e medo, lembre-se de uma verdade imutável: o amor incondicional de Deus por nós. O dia anunciado está se aproximando e, com ele, a eternidade de amor e adoração ao Criador. Que sua fé seja uma lâmpada sempre acesa, iluminando não apenas seu caminho, mas também o daqueles ao seu redor.

A promessa de Deus é certa, e Sua chegada será um momento de grande glória. Portanto, prepare-se para acolher a eternidade, vivendo cada dia como uma celebração da graça divina que nos foi concedida.

Conversando com Deus

Amado Pai,

Confesso minhas falhas e imperfeições, pedindo Tua misericórdia e Teu perdão. Purifica minha alma e renova meu espírito com Teu amor transformador.

Peço a Tua proteção contra as tentações e armadilhas que encontro no caminho. Conduze meus passos pela senda da retidão e ilumina meus pensamentos com Tua sabedoria divina. Em cada decisão, anseio refletir Teus ensinamentos e viver conforme Tua vontade.

Eu desejo ser como as virgens prudentes, que tinham azeite suficiente em suas lamparinas e foram recebidas pelo bom Noivo. Portanto, fortalece minha fé para que eu permaneça firme em meio às tribulações. Que a esperança de Teu retorno glorioso seja uma âncora para minha alma, mantendo-me vigilante e cheia de expectativa. Cada novo dia é uma oportunidade de reafirmar meu compromisso Contigo, buscando viver em santidade e verdade.

Declaro que Tua graça me envolverá e me capacitará a ser um reflexo de Teu amor e compaixão no mundo. Meu coração, sempre aquecido por Tua presença, servirá como fogo para aquecer também aqueles que ainda não Te conhecem.

Em nome de Jesus,

Amém.

32 A oração sincera

"OS SACERDOTES E OS LEVITAS LEVANTARAM-SE PARA ABENÇOAR O POVO, E DEUS OS OUVIU, POIS A ORAÇÃO DELES CHEGOU AOS CÉUS, A SUA SANTA HABITAÇÃO." (2CRÔNICAS 30.27)

"Em Cristo, suas orações chegam aos Céus e cumprem belos propósitos."

Ao virar cada página da nossa história, deparamo-nos com desafios e encruzilhadas que testam nossa fé e determinação. Assim como no tempo do rei Ezequias, quando o povo de Judá vivia um momento de distanciamento espiritual, também enfrentamos fases de frieza na fé e desorientação. Contudo, Deus sempre nos chama de volta para Sua presença.

Ezequias restaurou a celebração da Páscoa, conclamando o povo ao arrependimento e à comunhão com Deus. O que parecia ser apenas um evento religioso tornou-se um poderoso movimento de renovação espiritual. Aqueles que participaram dessa restauração experimentaram a graça divina, e suas orações foram ouvidas nos Céus. Isso nos ensina que, não importa quão distantes possamos estar, Deus sempre nos oferece a chance de recomeçar.

Nos dias de hoje, somos confrontadas com escolhas diárias que moldam nossa trajetória. Diante das adversidades, podemos nos render ao medo ou sermos capazes de buscar a Deus com um coração sincero, confiantes de que Ele ouve nossas orações. O povo de Judá escolheu confiar no Senhor, e Ele respondeu com redenção e bênçãos. Da mesma forma, quando decidimos nos voltar para Deus, Ele nos acolhe com amor e renova nossa esperança.

A história de Ezequias nos mostra que cada obstáculo é uma oportunidade de crescimento e uma porta aberta para a graça divina. A oração sincera tem o poder de atravessar os Céus e alcançar o coração do Pai. Se hoje você sente que precisa de uma nova direção, lembre-se: Deus está ouvindo. Ele guia, protege e transforma. O amor divino nunca falha, e Ele está sempre pronto para restaurar sua caminhada.

Conversando com Deus

Amado Deus,

Pai de misericórdia, cuja bondade é infinita e cujo amor nunca falha, glorifico o Teu santo nome!

Em Jesus Cristo, meu Redentor e Amigo fiel, encontro abrigo e segurança. Ele é o meu refúgio constante e, em Sua graça, firmo minha fé. Agradeço pela misericórdia que me envolve e pela esperança que me sustenta a cada dia.

Ajuda-me a edificar uma vida de intimidade Contigo que seja sincera, constante e poderosa. Não desejo ser reconhecida por uma aparência de piedade, mas por ter um coração verdadeiramente piedoso. Que minha jornada seja sempre guiada pela Tua luz e que o amor que emana de Ti seja meu guia constante. Ajuda-me a espalhar essa mesma esperança e amor para aqueles ao meu redor.

Declaro que a paz e a sabedoria que vêm de Ti encherão meu coração e me permitirão viver de acordo com a Tua vontade. Minha vida será um reflexo do Teu amor e da Tua graça e irei, em todas as coisas, glorificar o Teu santo nome.

Em nome de Jesus,

Amém.

> "DIANTE DAS ADVERSIDADES, PODEMOS NOS RENDER AO MEDO OU SERMOS CAPAZES DE BUSCAR A DEUS COM UM CORAÇÃO SINCERO."

33 O humilde servo

"POIS EU TIVE FOME, E VOCÊS ME DERAM DE COMER; TIVE SEDE, E VOCÊS ME DERAM DE BEBER; FUI ESTRANGEIRO E VOCÊS ME ACOLHERAM." (MATEUS 25.35)

"Pequenos gestos de amor que refletem Cristo podem transformar vidas."

Jesus, ao ensinar sobre o Reino de Deus, nos mostra que a verdadeira devoção não está apenas nas palavras, mas na maneira como tratamos aqueles ao nosso redor. Nesse versículo, Ele nos revela uma verdade profunda: servir ao próximo é servir ao próprio Cristo. Cada ato de amor, por menor que pareça, tem um valor eterno. Quando damos comida ao faminto, saciamos Sua fome. Quando acolhemos o estrangeiro, abrimos nosso coração para o Senhor. Quando vestimos o necessitado, cobrimos o próprio Filho de Deus com nossa compaixão. Este é o chamado de Mateus 25.40: enxergar Jesus na face daqueles que precisam de ajuda e agir em amor.

O amor de Cristo se revela nos pequenos gestos que realizamos diariamente. Às vezes, pensamos que servir a Deus exige grandes feitos, mas Ele nos ensina que cada ato de bondade, cada palavra de consolo e cada olhar de compaixão são expressões do Seu amor.

Nos momentos de dificuldade, pode parecer que nossas ações são pequenas e insignificantes. No entanto,

Deus vê cada gesto e usa até mesmo os menores atos para transformar vidas. Assim como Jesus multiplicou pães e peixes, Ele pode multiplicar o impacto do nosso amor, alcançando aqueles que mais precisam. Não deixe que a pressa ou as preocupações diárias impeçam você de viver esse chamado. Olhe ao seu redor e perceba as oportunidades de servir. Uma palavra encorajadora, um abraço sincero ou um simples ato de generosidade podem ser o milagre que alguém espera.

Que hoje seja um dia de ação, onde seu coração transborde do amor de Cristo. Que suas mãos sejam instrumentos de graça e seus passos sigam na direção do bem. E, ao final do dia, saiba que cada gesto feito em amor é um tesouro guardado no Céu. Siga com fé e disposição, sabendo que Deus usa você para manifestar o amor divino no mundo.

Conversando com Deus

Amado Pai,

Tu és a origem de toda luz e bondade, e hoje me coloco diante de Ti com um coração grato. Jesus, meu Salvador, ensina-me a ver-Te em cada pessoa que cruzar meu caminho. Que meus olhos enxerguem além das aparências, reconhecendo Tua presença nos necessitados, nos solitários e nos que clamam por ajuda.

Perdoa minhas fraquezas e renova minha fé, para que eu não hesite em agir com compaixão. Dá-me forças para estender as mãos aos que precisam, oferecendo não apenas palavras, mas gestos concretos de amor. Que minha vida reflita Tua bondade e que eu seja um instrumento de paz e esperança.

Conduze meus passos no caminho da justiça, Senhor, para que eu possa viver conforme Teus ensinamentos. Que cada ação minha esteja alinhada com Tua vontade, trazendo conforto e alegria àqueles que mais precisam. Obrigada, Pai, por confiar-me a missão de amar e servir.

Declaro que eu honrarei esse chamado todos os dias, sabendo que ao fazer o bem ao próximo, estou servindo a Ti.

Em nome de Jesus,

Amém.

"DEUS VÊ CADA GESTO E USA ATÉ MESMO OS MENORES ATOS PARA TRANSFORMAR VIDAS."

34 Não desista de orar

"MEU DEUS! ESTOU MUITO ENVERGONHADO E HUMILHADO PARA LEVANTAR O ROSTO DIANTE DE TI, MEU DEUS, PORQUE OS NOSSOS PECADOS COBREM A NOSSA CABEÇA E A NOSSA CULPA SOBE ATÉ OS CÉUS." (ESDRAS 9.6)

"Os maiores desafios são vencidos de joelhos."

Em muitos momentos da vida, sentimos o peso não apenas dos nossos próprios erros, mas também das falhas daqueles que vieram antes de nós. Esse fardo pode nos abater, trazendo vergonha e nos fazendo duvidar se ainda há esperança. Nessas horas, é fácil pensar que nossas súplicas não são ouvidas, que nossos pecados ergueram um muro intransponível entre nós e Deus. Mas essa não é a verdade.

Esdras, ao reconhecer a profunda culpa do povo, não se afastou de Deus. Pelo contrário, ele orou com fervor, humilhou-se diante do Senhor e não desistiu de interceder. Sua oração não foi ignorada. Isso nos ensina que, independentemente de quão grande seja nossa queda, ainda podemos clamar a Deus. A graça divina é maior que nossos pecados e o amor do Senhor nos convida ao arrependimento e à restauração.

A oração é a ponte entre nossa limitação e a infinita misericórdia divina. Mesmo quando nos sentimos indignas, Deus nos chama a buscar Sua face. Ele não nos pede perfeição, mas sim um coração sincero e disposto a se voltar para Ele. Se nossos erros se multiplicaram, que também se multipliquem nossas orações. Se nossa culpa parece grande, maior ainda é a graça que nos levanta. Olhe ao seu redor e veja os sinais da fidelidade de Deus. O Sol continua a nascer, as estações seguem seu curso, e a vida se renova a cada dia. Assim como a natureza nos ensina que há um tempo para tudo, há também um tempo para recomeçar. Sua história não termina nos seus tropeços; ela se transforma quando você persiste em buscar ao Senhor.

Não desista de orar. Mesmo quando parecer que suas palavras se perdem no vazio, continue clamando. Deus vê seu coração, acolhe sua dor e, no tempo certo, trará restauração. Acredite na promessa de que Ele não rejeita um coração quebrantado e contrito. Seu futuro não está definido por suas falhas, mas pela graça Daquele que a ama e a sustenta.

Confie que, por mais escura que seja a noite, a aurora sempre virá. E, na luz desse novo dia, encontrará renovação, força e a certeza de que Deus jamais abandona aquelas que se voltam para Ele.

"DEUS VÊ SEU CORAÇÃO, ACOLHE SUA DOR E, NO TEMPO CERTO, TRARÁ RESTAURAÇÃO."

Conversando com Deus

Amado Pai,

Venho a Ti com humildade, reconhecendo minha culpa e dependência da Tua graça. Sei que os erros podem pesar sobre mim, mas confio que Tua misericórdia é maior do que minha fraqueza.

Ajuda-me a não desistir da oração, mesmo quando parecer que não há resposta. Sei que Tu escutas cada súplica e estendes Tua mão para restaurar aqueles que confiam em Ti. Dá-me força, coragem e fé para esperar pelo Teu agir. Senhor, renova meu espírito e ensina-me a confiar no Teu tempo e na Tua providência. Que minha vida reflita Tua bondade e meu coração permaneça sempre rendido à Tua vontade.

Obrigada porque, mesmo quando tropeço, Tu não me abandonas. Sei que, por mais escura que seja a noite, Tua luz sempre virá, trazendo força, perdão e um novo começo.

Declaro que serei uma mulher cada vez mais perseverante em oração e intercessão. Não tirarei as mãos do arado. Amarei a Ti, Senhor, e as pessoas através de minhas lágrimas e joelhos tocando o chão.

Em nome de Jesus,

Amém.

35 Um coração ferido

"EM VERDADE LHES DIGO QUE UM DE VOCÊS ME TRAIRÁ." (MATEUS 26.21)

"A traição dói na alma, mas o perdão é o remédio que cura."

No fundo da experiência humana, encontramos uma verdadeira coleção de sentimentos e situações que moldam nossa vida. Mateus 26.20-25 nos traz uma história comovente: a previsão de uma traição por alguém amado. Pensar nisso pode nos lembrar de momentos semelhantes que muitas de nós, infelizmente, já vivemos.

A traição, especialmente vinda de uma pessoa próxima, é como um punhal afiado que fere fundo o coração. Esse ato pode nos deixar vulneráveis, confusas e até mesmo nos fazer questionar o valor das nossas relações mais queridas. A dor que sentimos pode abalar a confiança que temos tanto nos outros quanto em nós mesmas. No entanto, é importante lembrar que a traição diz mais sobre quem trai do que sobre quem é traída. Jesus, sabendo exatamente quem o trairia, não deixou que essa traição definisse Seu propósito ou diminuísse Seu amor por nós. Ele encarou a dor com dignidade, graça e compaixão, mantendo firme a missão divina.

Pelo nome de Jesus, você tem essa mesma capacidade. Dentro de você, há uma força incrível, uma resiliência que lhe permite ser curada e crescer diante das adversidades. A traição pode ter deixado marcas na sua história, mas não precisa determinar seu futuro. A esperança surge quando você se levanta e busca força nas feridas. Assim como Jesus permaneceu firme em Sua missão, apesar da traição, você também pode receber esta mesma graça. A esperança, nesse caso, vai além de simplesmente acreditar que as coisas vão melhorar. Trata-se de confiar no poder do Altíssimo de transformar sua realidade.

É claro que até Jesus, com toda Sua sabedoria e força, não estava livre da traição. Contudo, Ele nos mostrou que há vida, propósito e amor além dessa dor. Assim como Ele continuou a amar e servir, você também pode redescobrir a capacidade de amar, confiar e acreditar na bondade das pessoas. A traição, por mais dura que seja, não é o fim. Deus pode cicatrizar essas feridas. Cada passo em direção à cura é uma vitória, reafirmação da sua resiliência e capacidade de recomeço.

O caminho pode ser difícil, mas a recompensa é descobrir uma vida repleta de amor e propósito, onde cada cicatriz conta a história da incrível capacidade de superação dada por Jesus.

> "A ESPERANÇA SURGE QUANDO VOCÊ SE LEVANTA E BUSCA FORÇA NAS FERIDAS."

Conversando com Deus

Amado Senhor,

Como é agradável receber inspiração e forças através do exemplo de Jesus. Ele foi traído e, mesmo assim, não decidiu por amargura ou dor, mas pelo propósito que tinha.

Peço humildemente perdão pelos meus erros, reconhecendo minha fragilidade diante da Tua santidade. Liberta-me das dores trazidas pelas traições que feriram minha alma e causaram um sofrimento profundo. Concede-me a graça de enfrentar essas dificuldades com coragem e fé, transformando cada fraqueza em força e desespero em esperança.

Ajuda-me a viver como Cristo, enfrentando os desafios com dignidade e compaixão. Nos momentos de dor, dá-me a força necessária para perdoar aqueles que me machucaram e seguir em frente com o coração renovado.

Declaro que serei sarada de todas essas feridas, perdoarei a quem devo perdoar e, repleta da Tua misericórdia, espalharei o amor de Jesus para tantas outras pessoas. Minha fé será fortalecida diariamente em Jesus, meu Salvador.

Em nome de Jesus,

Amém.

36 A presença da esperança

"[...] CONTUDO, TU ÉS UM DEUS PERDOADOR, UM DEUS MISERICORDIOSO E COMPASSIVO, TARDIO EM IRAR-SE E CHEIO DE AMOR LEAL. POR ISSO, NÃO OS ABANDONASTE." (NEEMIAS 9.17)

"A verdadeira confiança não está nas circunstâncias desta vida, mas no caráter bondoso de Deus."

Em momentos de escuridão, quando as tempestades parecem querer engolir toda a nossa paz, você já se perguntou onde está Deus? Quando tudo ao redor parece desmoronar, será que Ele ainda nos vê? O que fazer quando sentimos que estamos sozinhas, perdidas em um mar de incertezas? Lembre-se de que, mesmo quando tudo parece sombrio, o Criador dos céus e da Terra está conosco. Ele, que encheu os oceanos com suas profundezas misteriosas e sustentou toda a criação com Sua mão firme, está ao seu lado, guiando e sustentando cada passo que você dá.

Assim como o povo de Israel em Neemias 9.17, que, em meio às suas falhas e desvios, reconheceu a fidelidade de Deus, nós também podemos confiar que, mesmo nos momentos em que nos sentimos afastadas, Ele nunca nos abandona. Ele está sempre atento às nossas lutas, aos nossos lamentos, e é o refúgio seguro onde podemos encontrar consolo e força. Sua jornada, mulher de fé, não será isenta de tropeços e desvios. Como as gerações antes de nós, haverá desafios, provações e momentos de fraqueza. Mas, mesmo nas horas mais sombrias, quando a dúvida e o desânimo parecem querer nos consumir, lembre-se de que a misericórdia de Deus permanece firme e inabalável. Ele nos chama de volta, sempre disposto a restaurar o que se perdeu.

Pense nas vezes em que você sentiu o toque suave do Salvador, nos momentos em que sua alma se aqueceu com a certeza de que Ele estava ali. Esses momentos, mesmo que breves, são testemunhos do amor infinito que Ele tem por você. Em cada passo, por mais difícil que seja, há uma oportunidade de crescimento e renovação. Cada obstáculo é um convite para redescobrir o propósito divino que Ele tem para sua vida. A fé é a chave que abre portas onde antes só havia trevas. Agarre-se a ela, não importa o tamanho da tempestade.

Lembre-se de que você foi criada para grandes coisas. Seja gentil consigo mesma, leve seus erros à Cruz e celebre humildemente cada vitória, não importa o tamanho. Confie no poder transformador da fé, na clareza que a esperança traz e na direção do Espírito Santo.

> "CADA OBSTÁCULO É UM CONVITE PARA REDESCOBRIR O PROPÓSITO DIVINO QUE ELE TEM PARA SUA VIDA."

Conversando com Deus

Amado Senhor,

Venho a Ti com um coração cheio de adoração. Tu és o Arquiteto do Universo, que enche o mundo de maravilhas sem fim.

Em Cristo, encontro força e esperança. Ele é a luz que ilumina meus passos, mesmo nos momentos mais escuros. Peço que continues sendo meu refúgio e fortaleza, protegendo-me das tempestades e guiando-me pelo Teu caminho.

Reconheço que me desvio, muitas vezes, e permito que a dúvida e o medo me afastem de Ti. Perdoa minhas falhas e renova meu espírito, para que eu possa viver na Tua verdade. Guia-me com Tua mão firme e poderosa. Livra-me dos perigos e das armadilhas do caminho. Que minha fé seja sempre a luz que me leva à Tua presença, onde encontro paz e consolo. Agradeço por estares sempre comigo, Senhor, e por ouvires minha oração.

Declaro que confiarei em Tua bondade a cada dia, mesmo naqueles em que me sentir fraca. Edificarei minha vida, minha história e minha família sobre o Teu amor.

Em nome de Jesus,

Amém.

37 Nada ficará oculto

"PORTANTO, NÃO HÁ NADA OCULTO, SENÃO PARA SER REVELADO; E NADA ESCONDIDO, SENÃO PARA SER TRAZIDO À LUZ." (MARCOS 4.22)

"A verdade, mesmo velada, sempre encontrará luz para brilhar. Contudo, a mentira também sempre tem perna curta. Nada ficará oculto."

Durante a jornada de Jesus, Ele falou muitas palavras que ainda ressoam em nosso coração, como "nada está oculto que não venha a ser revelado". Já parou para pensar no que isso significa para o seu dia a dia? As escolhas que você faz quando ninguém está olhando, os pensamentos que guarda para si, as emoções que mantém em segredo. Jesus nos avisou que, cedo ou tarde, tudo será trazido à luz.

É importante perceber que essa mensagem não é uma ameaça, mas um chamado à conscientização. Não se trata de temer a exposição, mas de reconhecer que a verdade deve prevalecer em cada fração do nosso ser, cada dia mais. Nos relacionamentos, no trabalho, em nossas interações diárias, a sinceridade e a integridade precisam se tornar alicerces firmes para vivermos uma vida plena, com significado e propósito.

Se você guarda segredos, seja para proteger a si mesma ou aos outros, é hora de refletir sobre o peso que isso traz para a sua alma. Esconder segredos pode ser um fardo pesado, criando barreiras entre você e as pessoas que ama, além de impedir seu crescimento pessoal e espiritual. O ponto não é sair contando tudo a todos, mas ser fiel a Deus e ao seu compromisso de integridade diante da Palavra de Deus. Ao escolher os caminhos da verdade, poderá experimentar a intervenção do próprio Deus em cada circunstância. Quando Jesus ensinou esse princípio, Ele nos lembrou de que a verdade é libertadora. Não se trata apenas do que é revelado, mas do que é vivido. Quando você vive de acordo com a verdade, não há o que temer e, portanto, nada a esconder.

Olhe para dentro e pergunte-se: O que tenho escondido? O que temo que seja revelado? Em vez de se retrair, busque a luz e a verdade. Ao meditar nas palavras de Jesus, permita que elas transformem seu coração. É na verdade que encontramos a verdadeira liberdade.

> “AO ESCOLHER OS CAMINHOS DA VERDADE, PODERÁ EXPERIMENTAR A INTERVENÇÃO DO PRÓPRIO DEUS EM CADA CIRCUNSTÂNCIA.”

Conversando com Deus

Amado Senhor,

Como essa palavra é importante para que eu viva em liberdade! Perdoa-me pelos momentos em que me afastei da Tua verdade e escondi as minhas falhas. Liberta-me das tentações e perigos que podem me desviar do Teu caminho.

Guia meus passos com sabedoria e retidão, para que cada decisão que eu tomar reflita a Tua vontade perfeita. Senhor, desejo viver de acordo com os Teus ensinamentos, tornando-me um exemplo de integridade e honestidade.

Ainda que a estrutura deste mundo seja de desonestidade, enganos e mentiras, eu quero fazer a diferença. Desejo manifestar o caráter de Jesus e mostrar para as pessoas que é possível ser sincera, íntegra e correta hoje em dia. Que minhas ações e palavras sempre reflitam a Tua glória, mostrando ao mundo a profundidade do Teu amor.

Declaro que serei uma testemunha viva da Tua bondade. Serei um instrumento que, como espelho, reflete a Jesus em um mundo caído. Quando observarem meus atos e decisões, verão a Ti.

Em nome de Jesus,

Amém.

38 Da provação à aprovação

"[...] NÃO HÁ NINGUÉM NA TERRA COMO ELE; UM HOMEM ÍNTEGRO E JUSTO, QUE TEME A DEUS E EVITA FAZER O MAL." (JÓ 1.8)

"Quando perseveramos fiéis na provação, finalizamos o processo aprovadas, para a glória de Deus."

Nas Sagradas Escrituras, encontramos a figura inspiradora de Jó, um homem cuja fé nos ensina até hoje. Em Jó, especialmente nos versículos 1.6-12, somos apresentadas a um poderoso testemunho de força e resiliência. É possível permanecer fiel mesmo em meio à dor e ao luto? É possível glorificar a Deus enquanto choramos? Jó nos mostra que sim.

Essa passagem é uma verdadeira fonte de inspiração, deixando-nos uma mensagem poderosa sobre a importância da fé em tempos de provação. Você já parou para refletir sobre por que enfrentamos tantos desafios e dificuldades? A história de Jó nos ensina que a vida, em sua complexidade, não nos testa para nos destruir, mas para revelar que podemos ser lapidadas e transformadas à imagem de Cristo. O fogo da provação é temporário, apenas para esta vida, e pode nos ajudar a que nos assemelhemos a Jesus. Como bem pontuou o escritor de

O Peregrino, John Bunyan, o povo de Deus é como sinos: quanto mais forte são golpeados, melhor soam. Benditas são as provações que nos aproximam de Deus.

Jó, apesar de todas as adversidades, nunca vacilou em sua fé. De maneira semelhante, todas nós temos a capacidade, em Cristo, de superá-las. Cada revés se transforma em uma oportunidade de crescimento e autoconhecimento; e cada obstáculo, em um convite para nos reinventarmos e nos elevarmos. Os desafios podem ser degraus que nos levam a novos horizontes e os obstáculos podem ser transformados em fontes de bênçãos. Quando servimos a Deus, até mesmo problemas podem se tornar vitórias! Portanto, lembre-se de que a mão poderosa de Deus está sobre sua vida, oferecendo-lhe amparo, orientação e proteção.

Quando as sombras da dúvida tentarem ofuscar sua alma, busque inspiração na história de Jó. Recorde sua firmeza, sua fé inabalável e sua capacidade de renascer após cada contratempo. Mantenha-se resiliente. Assim como Jó surgiu triunfante de suas lutas, você também sairá vitoriosa. E, ao final desta jornada, olhará para seu passado com um coração cheio de gratidão por cada aprendizado e cada conquista. Com Jesus, você é imparável!

> "CADA REVÉS SE TRANSFORMA EM UMA OPORTUNIDADE DE CRESCIMENTO E AUTOCONHECIMENTO."

Conversando com Deus

Amado Pai,

Reconheço minhas fraquezas e os momentos em que minha fé vacila. Ainda assim, escolho permanecer em Ti. Perdoa-me pelas vezes em que a incerteza tentou me afastar da Tua verdade. Renova em mim um espírito forte e inabalável, para que eu Te siga com integridade e devoção, mesmo nos dias mais difíceis.

Fortalece-me como fortaleceste Jó. Que minha fé não dependa das circunstâncias, mas se firme no Teu caráter imutável. Que as provações não sejam motivos para desistir, mas oportunidades para crescer e Te conhecer mais profundamente.

Peço também por minhas irmãs em Cristo. Que nenhuma de nós desfaleça diante das dificuldades, mas que sejamos mulheres resilientes, sustentadas pelo Teu amor. Que, em cada desafio, nossa confiança em Ti se manifeste em atos de bondade, paciência e fé viva. Guia-nos, Senhor, para que nossos passos sigam Teus propósitos. Ensina-nos a olhar além das adversidades, enxergando nelas o Teu agir. Que em tudo o que fizermos, o Teu nome seja glorificado.

Declaro que, como Jó, não negarei a Ti, meu Deus, quando as provações vierem. Passarei por elas fiel e integramente e as finalizarei aprovada. Farei engrandecido o Teu nome, ó Deus!

Em nome de Jesus,

Amém.

39 A fé que cura

"FILHA, A SUA FÉ CUROU VOCÊ! VÁ EM PAZ E FIQUE LIVRE DO SEU SOFRIMENTO." (MARCOS 5.34)

"A fé colocada em ação cura e restaura."

As Sagradas Escrituras trazem a comovente história de uma mulher que, por longos doze anos, sofreu de uma doença que parecia não ter cura. Em sua busca incessante por alívio, ela esgotou todos os seus recursos em tratamentos médicos, mas nada parecia funcionar. Foi então que ela ouviu falar de Jesus, um homem conhecido por Seus milagres e curas. Motivada por uma fé inabalável, acreditou que se apenas tocasse nas vestes de Jesus, encontraria a cura que tanto desejava. No meio da multidão que O cercava, ela rastejou, expôs-se, estendeu a mão e tocou o manto.

O mais surpreendente desse episódio é que, instantaneamente, ela sentiu seu corpo sendo curado da enfermidade. Jesus, percebendo que algo poderoso havia saído Dele, perguntou quem O havia tocado. Em meio a tantas pessoas, parecia impossível identificar a resposta correta para essa pergunta, mas, para aquela mulher, esse toque foi a transformação que tanto esperara. Você pode estar se perguntando: O que fez a diferença? Por que, dentre tantos, ela foi a única a receber virtude e ser sarada? A resposta está na fé. Não foi um simples toque físico, mas um gesto repleto de uma fé profunda e sincera de que Aquele era o Messias que poderia restaurá-la.

Então, Jesus declarou à mulher: "A sua fé curou você! Vá em paz e fique livre do seu sofrimento". Aqui, vemos a confirmação do poder da fé — que não deixou a mulher estática, antes, a fez sair de sua zona de conforto e buscar o milagre em Cristo. É preciso agir, assim como essa mulher que, movida por sua fé, buscou a Jesus e recebeu sua cura.

Devemos entender que, muitas vezes, a cura não está apenas nos medicamentos ou tratamentos, mas na intervenção divina. Que essa história nos lembre do poder da fé em nossa vida e que, por meio dela, possamos encontrar a cura, a paz e a transformação que tanto desejamos. Acima de tudo, lembremos que, assim como se deu com a mulher registrada no Evangelho, nossa fé tem o poder de nos conectar com Deus e trazer milagres para nós.

Conversando com Deus

Senhor Deus,

Venho a Ti com o coração cheio de gratidão pela fé que nos ofereces. Sei que essa fé, quando colocada em ação, pode mover montanhas, curar feridas profundas e restaurar corações feridos.

Assim como a mulher que tocou na orla do manto de Jesus, eu também me aproximo de Ti, confiante de que tens o poder para me curar. Não hesitarei em sair da minha zona de conforto e buscar Tua presença.

Perdoa-me pelas vezes em que duvidei e gastei todos os meus esforços em outras soluções. Há feridas que nada neste mundo pode sarar, apenas Tua doce presença. Renova em mim a fé que traz cura, que me aproxima de Ti e que me faz confiar em Tua bondade. Contudo, restaura não apenas minha saúde física, mas também minha alma. Cura as feridas que carrego, as mágoas que ainda me aprisionam e as dores que me paralisam.

Declaro que, assim como a mulher curada, ouvirei de Ti: "Filha, a tua fé te salvou; vai-te em paz". Caminharei em paz, livre do mal e certa de que em Ti encontro vida e esperança.

Em nome de Jesus,

Amém.

"DEVEMOS ENTENDER QUE, MUITAS VEZES, A CURA NÃO ESTÁ APENAS NOS MEDICAMENTOS OU TRATAMENTOS, MAS NA INTERVENÇÃO DIVINA."

40 A esperança que nunca morre

"PARA A ÁRVORE, PELO MENOS HÁ ESPERANÇA: SE É CORTADA, TORNA A BROTAR, E OS SEUS NOVOS RAMOS VINGAM." (JÓ 14.7)

"A esperança não é a última que morre, pois ela não morre jamais. Em cada desafio, a mão de Deus pode sustentar você."

Ao olharmos para as estrelas que brilham no céu noturno ou ao sentirmos a brisa suave acariciando nosso rosto, muitas vezes nos esquecemos de que existe um Deus soberano que sustenta todas as coisas. Da mesma forma, em meio às dificuldades da vida, podemos perder de vista a verdade de que Deus tem um plano perfeito, mesmo quando tudo parece desmoronar.

A história de Jó nos ensina sobre perseverança e esperança em meio à dor. Ele perdeu tudo: sua família, sua riqueza e sua saúde. Contudo, sua confiança em Deus permaneceu firme. Ele reconhecia que sua dor não era sem propósito e que, mesmo sem entender, Deus estava no controle. Em sua aflição, Jó declarou: "Embora ele me mate, ainda assim esperarei nele" (Jó 13.15a). Sua esperança estava firmada no Senhor, pois sabia que Deus era capaz de restaurar e renovar sua vida.

Assim como Jó, sua jornada também tem um propósito. Cada lágrima que você derrama, cada noite de angústia e cada provação fazem parte do plano divino de moldar seu caráter e fortalecer sua fé. Pode ser que hoje você não compreenda os motivos, mas Deus está trabalhando em sua vida. Como a árvore que, mesmo cortada, volta a brotar, Deus também trará renovação ao seu coração.

Quando o peso da vida parecer insuportável, feche os olhos e confie no Senhor. Ele está ao seu lado, ouvindo suas orações e sustentando você com Suas mãos poderosas. Não permita que as adversidades a afastem de Deus; ao contrário, use-as como oportunidade para crescer espiritualmente. A Palavra nos assegura que os que esperam no Senhor renovarão as suas forças (cf. Isaías 40.31). Sua esperança não está nas circunstâncias, mas no Deus que tudo pode restaurar.

Cada novo dia é uma chance de renovar sua fé e fortalecer seu relacionamento com o Criador. Ele é fiel, e Sua promessa é que, depois das tempestades, virá um tempo de refrigério e restauração. Permaneça firme, pois Deus tem propósitos eternos para você, e a luz Dele sempre brilhará sobre sua vida. Apegue-se à verdade de que a esperança não morre jamais (cf. 1Coríntios 13.13), ela permanece para sempre.

> "NÃO PERMITA QUE AS ADVERSIDADES A AFASTEM DE DEUS."

Conversando com Deus

Amado Deus,

Tu és a Fonte da vida e da esperança. Como está escrito em Jó 14.7, há esperança para a árvore cortada, pois ao cheiro das águas ela brotará novamente. Assim também é minha fé em Ti: mesmo diante das perdas e dificuldades, sei que a esperança nunca morre.

Renova meu coração, Senhor, e fortalece minha alma. Quando me sentir abatida, lembra-me do Teu poder que restaura e faz novas todas as coisas. Que Tua presença seja meu sustento e Tua Palavra, a luz que guia meus passos. Ajuda-me a confiar em Teus planos, mesmo quando não os compreendo. Que eu jamais perca de vista a Tua fidelidade, pois sei que Tu és Deus de milagres e de recomeços.

Em Ti encontro refúgio, força e paz. Que minha vida floresça segundo a Tua vontade, e que meu coração se encha da certeza de que Teu amor nunca falha.

Declaro que viverei cada dia com a mentalidade dos Céus e o coração cheio da viva esperança. Confiarei que a esperança permanece para sempre, até mesmo em vales escuros.

Em nome de Jesus,

Amém.

41 O que contamina o homem

"POIS DO CORAÇÃO DOS HOMENS SAEM OS MAUS PENSAMENTOS [...]." (MARCOS 7.21)

"Permitir que o coração seja purificado pela Palavra é o melhor cuidado cardíaco."

No dia a dia, é comum nos encontrarmos preocupadas com o que consumimos. Cuidamos para evitar alimentos prejudiciais para a saúde, afastamo-nos de ambientes tóxicos e nos protegemos de influências externas nocivas. No entanto, o ensinamento que Jesus nos traz vai além da proteção externa do corpo. Ele nos desafia a olhar para dentro de nós, para a verdadeira fonte de contaminação. "Não percebem que o que entra no homem não pode torná-lo impuro?" (Mateus 7.18b), disse Jesus. E completou: "o que sai do homem é o que contamina o homem" (v.20). Ele nos faz entender que a verdadeira impureza não vem de fora para dentro, mas é originada no nosso próprio coração.

Vivemos em uma sociedade que valoriza muito a aparência. A cultura atual nos pressiona a buscar uma imagem perfeita, acumular bens materiais e priorizar o sucesso. Porém, muitas vezes, nesse turbilhão, esquecemos de cuidar do nosso interior, de nosso espírito. É fácil culpar o mundo e suas influências por nossos erros, mas Jesus nos lembra de que é de dentro de nós que emanam pensamentos malignos, adultério, fornicação, homicídio, roubo, cobiça, maldade, engano, lascívia, inveja, blasfêmia, soberba e insensatez.

Reconhecer que o verdadeiro perigo reside em nosso interior pode ser perturbador. Afinal, é mais fácil jogar a culpa para outro do que enfrentar nossas sombras. Ao admitirmos que somos a fonte de nossos próprios problemas, também aceitamos que Cristo é o único que pode nos transformar. Para enfrentar e transformar esse interior tumultuado, é fundamental cultivar uma relação de intimidade com Deus. Ele é a fonte de todas as virtudes. Ao nos aproximarmos Dele, somos renovadas e purificadas. Quando permitimos que Seu Espírito habite em nós, encontramos forças para combater a inclinação carnal de nosso coração.

Portanto, não subestime a importância de nutrir seu espírito diariamente. Reserve momentos para orar, meditar nas Escrituras e fortalecer seu relacionamento com Deus. Lembre-se de que a verdadeira contaminação não vem do que você consome, mas do que produz. Cuide de seu interior com carinho e dedicação. Assim, você se tornará não apenas pura de coração, mas também uma fonte de inspiração para outros.

> "NÃO SUBESTIME A IMPORTÂNCIA DE NUTRIR SEU ESPÍRITO DIARIAMENTE."

Conversando com Deus

Amado Pai,

Fonte de todas as virtudes, venho a Ti com reverência, humildade e devoção, buscando amparo em Tua graça.

Reconheço que de meu coração nascem fraquezas e falhas, e peço perdão pelas impurezas que nele residem e pelas ações que dele emanam. Purifica-me de todo mal que surge do meu interior e transforma meus pensamentos e intenções, para que reflitam Tua vontade.

A obra de Cristo na Cruz foi completa para limpar meu coração e me presentear com a graça da vida eterna. Através dessa obra redentora, posso ser transformada e guiada pelo Teu Espírito, e não pela carne. Permita que eu seja um farol de esperança, levando consolo e alegria a todos que cruzarem meu caminho. Em momentos de fraqueza, sustenta-me com Tua graça.

Declaro que perseverarei em Teus caminhos e na jornada de santificação, para que eu dê frutos bons para a vida eterna, frutos que permaneçam. Como Tua filha, ó Deus, revelarei o caráter de Cristo aos demais.

Em nome de Jesus,

Amém.

42 A verdadeira prosperidade

"POR QUE VIVEM OS ÍMPIOS? POR QUE CHEGAM À VELHICE E AUMENTAM O SEU PODER?" (JÓ 21.7)

"Com Deus ao lado, encontra-se propósito e prosperidade eterna."

Em vários momentos da vida, deparamo-nos com situações que testam nossa fé, constância e otimismo. Diante dos cenários de injustiça do mundo, podemos até nos perguntar: Por que, muitas vezes, aqueles que não seguem princípios morais parecem prosperar, enquanto pessoas corretas enfrentam tantas dificuldades? "Por que vivem os ímpios, envelhecem, e ainda crescem em poder?", este também foi o questionamento de Jó.

É importante entender que a prosperidade material não é inerentemente má. Ter recursos, alcançar sucesso profissional ou realizar sonhos são aspirações legítimas. O problema está quando a ambição por prosperidade é mais desejada em nosso coração do que o anseio que temos pela presença de Deus — que é a verdadeira bênção. Enquanto crescemos à imagem de Cristo, tornamo-nos mais gratos e generosos, isto é, aprendemos a reconhecer e valorizar as bênçãos já recebidas. É a partir da intimidade com Deus que encontramos esse contentamento de alma, que supera dificuldades da vida material.

Deus não condena a riqueza em si. Entretanto, Ele nos adverte a não buscá-la em detrimento de princípios espirituais e morais. É *natural* desejar segurança, conforto e reconhecimento, mas é *essencial* manter o foco não no que podemos adquirir, mas no que podemos oferecer aos outros, no legado que queremos deixar e nas vidas que desejamos impactar, para a glória de Deus. Em vez de nos preocuparmos com os ímpios que prosperam, devemos refletir sobre o tipo de sucesso que buscamos. Devemos ambicionar uma vida enriquecida pelo amor, pela compaixão, pela generosidade e pela fé. Com Deus ao nosso lado, temos a maior de todas as riquezas.

Valorize sua relação com Deus e entenda que, com Ele, sua prosperidade será duradoura e genuína, não meramente passageira. Assim, mesmo diante de obstáculos, você encontrará força, esperança e inspiração para perseverar no caminho escolhido.

"DEVEMOS AMBICIONAR UMA VIDA ENRIQUECIDA PELO AMOR, PELA COMPAIXÃO, PELA GENEROSIDADE E PELA FÉ."

Conversando com Deus

Amado Senhor,

Em Tua presença, sinto-me acolhida e encontro um refúgio para minha alma. Tu és a fonte de toda bondade e misericórdia, aquele que sacia minha sede de propósito.

Confesso que, muitas vezes, meu coração foi seduzido pelas ilusões das riquezas materiais e desviou-se da verdadeira prosperidade integral. Em momentos de fraqueza, deixei-me levar por desejos passageiros.

Peço-Te que me perdoes por esses deslizes. Purifica meu coração e minha mente, renovando em mim um espírito firme e inabalável. Ajuda-me a reconhecer as armadilhas do materialismo e a manter meus olhos fixos no que é eterno e verdadeiramente valioso. Guarda-me também das tentações que desviam meu coração de Cristo. Fortalece minha fé, para que eu enfrente cada desafio confiando em Tua graça. Ensina-me a viver cada dia com gratidão e contentamento, sabendo que a verdadeira prosperidade está na graça do Evangelho.

Declaro que serei uma testemunha viva de Tua bondade. Refletirei a paz e a alegria que só Tu podes dar.

Em nome de Jesus,

Amém.

43 A grandeza em servir

"[...] SE ALGUÉM QUISER SER O PRIMEIRO, SERÁ O ÚLTIMO E SERVO DE TODOS." (MARCOS 9.35)

"A verdadeira grandeza reside em um coração disposto a servir."

Você já notou como o mundo nos incentiva viciosamente a buscar reconhecimento e destaque? A estrutura social se move assim, a partir de uma competição sem fim de quem alcançará o topo e se sobressairá. No entanto, Jesus, com Sua incomparável sabedoria, inverte essa lógica e nos apresenta a perspectiva do Reino dos Céus, que é transformadora. Ele nos ensina que, no Reino, a verdadeira grandeza não consiste em ser servido, mas em servir. Nobre não é quem tem os pés lavados, mas quem os lava.

Certa vez, os discípulos de Jesus, em uma discussão acalorada, debatiam entre si sobre quem seria o maior. O Mestre, percebendo o teor da conversa, sentou-se e chamou todos para perto, a fim de ensinar um princípio fundamental: "Se alguém quiser ser o primeiro, será o último de todos e o servo de todos". Os discípulos tiveram que reavaliar as próprias convicções — assim como nós também devemos fazer.

No Reino dos Céus não há espaço para a arrogância. A soberba cega e afasta a pessoa do quebrantamento que Deus espera de nós. Por outro lado, a humildade nos aproxima do Criador, pois é através dela que reconhecemos nossa dependência Dele e a importância de ajudar o próximo. Você já experimentou uma grande alegria depois de ajudar alguém em necessidade? Essa alegria é parte da graça divina. Quando servimos, estamos, de fato, vivendo como Jesus viveu e seguindo Seus ensinamentos. O Rei dos reis não veio para ser servido, mas para servir. Se Ele escolheu o caminho do serviço, quem somos nós para optarmos por um caminho diferente?

Vale ressaltar que servir não significa negligenciar a si mesma. É fundamental cuidar do próprio bem-estar para poder cuidar dos outros também. A chave está no equilíbrio: enquanto observa as necessidades dos outros, é essencial também olhar para dentro e cultivar um relacionamento saudável consigo mesma e com Deus. Cada ato de bondade e gesto de ajuda reverbera nos Céus como louvor ao Senhor. Você foi chamada a seguir esse caminho e entregar sua vida como uma oferta viva para Ele.

Conversando com Deus

Amado Senhor,

Tua misericórdia e graça são infinitas e, dependente da obra de Cristo, recebo a redenção dos meus pecados.

Peço que me libertes do orgulho e da arrogância que cegam minha alma e me afastam do caminho da verdade. Ensina-me a humildade que Jesus exemplificou, o serviço ao próximo e o amor verdadeiro em cada decisão, pois reconheço que a verdadeira grandeza está em dar *e não em* receber.

Desejo que minha vida reflita Tua bondade. Fortalece meu espírito e concede-me sabedoria para enfrentar as tentações e desafios deste mundo. Ao mesmo tempo, agradeço por Tua presença constante em minha vida e porque, em Cristo, aprendo o valor e a nobreza da humildade.

Declaro que aprenderei a lavar os pés das pessoas e a encontrar grandeza em servir, conforme o Espírito Santo me guiar. Serei transformada de glória em glória e seguirei o exemplo do meu Mestre.

Em nome de Jesus,

Amém.

> "A HUMILDADE NOS APROXIMA DO CRIADOR, POIS É ATRAVÉS DELA QUE RECONHECEMOS NOSSA DEPENDÊNCIA DELE E A IMPORTÂNCIA DE AJUDAR O PRÓXIMO."

44 Palavras que moldam destinos

"ENQUANTO EU TIVER VIDA E O FÔLEGO DE DEUS NAS MINHAS NARINAS, OS MEUS LÁBIOS NÃO FALARÃO MALDADE [...]." (JÓ 27.3-4)

"Palavras sábias moldam realidades, transformam e inspiram."

Às vezes, o desafio mais significativo que enfrentamos não está no mundo ao redor, mas dentro de nós mesmas. A mente é poderosa e as palavras que escolhemos têm o poder de moldar a realidade. Há um ditado que diz: "Quem domina a língua, domina o corpo" — e eu acho que ele se inspirou na Bíblia, que nos diz que a língua é como o leme de um navio (cf. Tiago 3.4-5). Como um maestro conduz uma orquestra, podemos harmonizar nossos pensamentos, sentimentos e ações por meio das palavras que decidimos utilizar.

O poder das palavras não é apenas uma metáfora. A ciência já comprovou como elas podem influenciar nosso sistema nervoso, emoções e até mesmo nossa saúde física. Você já parou para refletir sobre o impacto das suas próprias palavras sobre você? Quando se olha no espelho, o que diz ao seu coração? Quando enfrenta desafios, que palavras escolhe para descrever sua situação?

Todas nós temos a capacidade de moldar a realidade e manifestar nossos sonhos a partir do que dizemos.

Se temos o hábito de afirmar frases como "não consigo", "está além da minha capacidade" ou "é muito difícil para mim", acabamos limitando nosso próprio potencial. Mas se, ao invés disso, escolhemos dizer "vou tentar", "Deus me capacitará" ou "estou aprendendo", abrimos portas para um universo de possibilidades!

Quando a vida se tornar desafiadora e as circunstâncias parecerem se voltar contra você, lembre-se do poder que reside em suas palavras. Elas têm a capacidade de curar, inspirar, motivar e transformar. Seu monólogo interno é uma conversa contínua que molda sua percepção de mundo e define parte de sua realidade. Portanto, seja gentil consigo mesma. Ao errar, em vez de criticar-se, reconheça o aprendizado a partir deste erro e comprometa-se a evoluir. Confie no poder capacitador do Espírito Santo. Escolha suas palavras com discernimento, para que elas reflitam o seu Deus apropriadamente. Faça da sua história uma narrativa de resiliência, perseverança e triunfo, tornando-se uma fonte de inspiração para aqueles que cruzarem seu caminho.

Assim, quando o peso do mundo parecer insuportável e os desafios intransponíveis, lembre-se da força que existe dentro de você. Domine sua língua, e você dominará seu corpo e seu destino. E, acima de tudo, nunca perca a fé.

Conversando com Deus

Amado Pai,

Agradeço por sempre me acolher em Teu abraço protetor e por seres meu refúgio constante.

Reconheço que falho em minhas palavras, permitindo que sejam ditas sem a devida reflexão. Peço perdão pelos momentos em que descuidei esse aspecto e rogo para que purifiques meu coração.

Liberta-me das incertezas e enganos que podem ofuscar meu caminho. Eu renuncio o hábito de lançar afirmações negativas sobre minha vida e sobre a vida daqueles a quem amo. Que cada palavra que eu pronuncie seja uma manifestação de Tua vontade, capaz de trazer luz, esperança e transformação ao meu redor. Que minhas escolhas de palavras, afirmações e linguagem ecoem Tua Palavra.

Declaro que serei guiada pelo Espírito Santo e aprenderei a falar como Jesus deseja que eu fale. Minhas palavras serão temperadas com sal e abençoarão a outros, como uma árvore de vida.

Em nome de Jesus.

Amém.

45 Muito além das riquezas

"É MAIS FÁCIL UM CAMELO PASSAR PELO FUNDO DE UMA AGULHA DO QUE UM RICO ENTRAR NO REINO DE DEUS." (MARCOS 10.25)

"A riqueza genuína floresce na entrega absoluta ao Salvador."

Certo dia, um jovem rico se aproximou de Jesus e lhe fez uma pergunta sincera: "Como posso garantir a vida eterna?". Ele, assim como muitas de nós, buscava certezas e um caminho seguro rumo à paz e à redenção. No entanto, a resposta de Jesus o desafiou a olhar profundamente para dentro de si e discernir o que realmente tem valor na vida — o mesmo desafio que nós recebemos hoje.

Frequentemente, o apego às riquezas pode obscurecer a verdadeira essência da vida. Priorizar o que é material em detrimento do espiritual pode nos afastar de Deus e nos desviar do grande propósito de nossa existência. Jesus, ao perceber a sinceridade e a intenção genuína do jovem, fez-lhe um desafio que, à primeira vista, parece severo: "[...] venda tudo o que possui e dê o dinheiro aos pobres, e você terá um tesouro no céu. Depois, venha e siga-me" (Marcos 10.21). Jesus não tinha nada contra a riqueza do jovem, mas sabia que o coração humano é uma fábrica de ídolos e, portanto, precisamos romper as amarras que nos impedem de nos aproximar de Deus.

Desapegar-se do que consideramos nosso fundamento não é fácil. No entanto, Jesus não exige a renúncia à riqueza. Ele nos convida a refletir sobre onde depositamos nossa fé. A lição é clara: não é a quantidade de nossos bens que determina nosso valor, mas a obra de Cristo em nós. Precisamos render nossa vida a essa obra preciosa. Após ouvir o desafio de Jesus ao jovem, os discípulos questionaram entre si: "Quem, então, pode alcançar a salvação?" (cf. Marcos 10.26). Diante de nossa compreensão limitada, desvencilhar-nos das amarras do material e aspirar a uma vida mais alinhada com Deus pode parecer impossível. Mas a resposta de Jesus nos dá esperança: "Para os homens é impossível, mas não para Deus; porque para Deus todas as coisas são possíveis" (cf. Marcos 10.27). Pelos próprios meios, podemos nos sentir limitadas, mas, sob a providência divina, podemos aprender a depositar a dependência de nossa vida apenas em Cristo.

Que esta reflexão inspire você a olhar além do material, reavaliar suas prioridades e reconhecer que a verdadeira riqueza está na profundidade da sua relação com Deus. Ao fazer isso, você encontrará paz, propósito e um amor que supera todas as riquezas terrenas.

Conversando com Deus

Amado Deus,

Busco refúgio sob a Tua misericórdia e reconheço minha fragilidade e a necessidade constante da Tua graça.

Purifica meu coração e mente, permitindo-me compreender o que realmente importa. Desejo aprender a ter a perspectiva do Reino dos Céus sobre a situação do meu coração. Portanto, ajuda-me a desapegar das ilusões materiais e a valorizar os tesouros celestiais que só Tu podes oferecer.

Protege-me das tentações e das amarras que impedem minha entrega total ao Teu amor. Conduze meus passos, fortalece minha fé, acende a chama da esperança e cultiva a caridade em meu coração. Renova em mim a força para resistir ao mal e a coragem para seguir os Teus ensinamentos.

Declaro que serei uma discípula fiel de Jesus e renunciarei qualquer ídolo que possa ter em meu coração. Minha vida será um espelho da Tua bondade, ó Deus.

Em nome de Jesus,

Amém.

46 Fé e oração caminham juntas

"E, AGORA, ESVAI-SE A MINHA VIDA; ESTOU PRESO A DIAS DE SOFRIMENTO." (Jó 30.16)

"Uma fé genuína se derrama como água aos pés do Senhor."

Talvez você já tenha experimentado a sensação de que o mundo conspira contra você e que suas orações não passam do teto. Paradoxalmente, é no auge da turbulência da vida que Deus pode nos presentear maravilhas abundantes. Porém, é a partir da graça divina, em oração, que as recebemos. A fé não se mede apenas em momentos de júbilo e gratidão, mas também na capacidade de manter-se firme mesmo quando tudo parece ruir à nossa volta.

Tome um momento para refletir e recordar suas lutas passadas. Pense nas vezes em que duvidou da própria força, mas aqui está você, resiliente e lutadora. Considere como Cristo a capacitou para superar todas essas dificuldades, assim como a bondade de Deus levantou a Jó do monturo da dor e do lamento, porque ele era um servo fiel e de fé sincera. A cada obstáculo vencido, você se fortalece e adquire mais sabedoria. Deus caminha ao lado de Suas filhas, guiando os passos e confortando o coração de cada uma.

Nos momentos de fragilidade, busque força em oração. Com a Bíblia aberta, contemple as promessas bíblicas e aproprie-se delas. Saiba que, além das tempestades, existe um desígnio de amor e prosperidade para seu futuro. Cada lágrima derramada, cada noite de intercessão e cada instante de angústia derramada a Deus está esculpindo em você uma fortaleza e uma determinação inabaláveis.

Confie na capacidade que Cristo lhe dá de triunfar. Permita que sua fé seja como a fé elogiada pelo apóstolo Paulo, isto é, uma fé não fingida (cf. 2Timóteo 1.5). Uma fé sincera é aquela que não apenas sobrevive aos vales escuros do caminho, mas que também se derrama em oração aos pés Daquele que pode guiá-la durante a jornada. Assim, ao olhar para trás, você perceberá que cada dificuldade enfrentada foi um degrau de crescimento espiritual.

Portanto, avance, mantenha sua fé firme e não permita que ela vacile — em oração, você será fortalecida! É ela que nutre sua alma, fortalece seu espírito e ilumina seu caminho. Lembre-se de que, mesmo nas adversidades mais dolorosas, há sempre um motivo para manter a fé viva. Seu futuro está repleto de bênçãos e conquistas. Deus está com você.

Conversando com Deus

Amado Senhor,

Reconheço minhas falhas e pecados e sei que, muitas vezes, sucumbo às tentações e dificuldades que a vida me apresenta. Peço o Teu perdão e misericórdia, certa de que em Ti está a fonte do verdadeiro arrependimento.

Em meio às tempestades, suplico por Teu auxílio e proteção. Dá-me força para manter a fé firme e não fingida, mesmo quando tudo ao meu redor parecer incerto ou escuro. Que a Tua presença constante me guie e dissipe as sombras que tentam me envolver.

Em momentos de dor e sofrimento, ajuda-me a reconhecer Teu amor inabalável e ver além das dificuldades, enxergando a promessa de um novo amanhecer, onde a alegria e a esperança renascem. Concede-me a graça de ser uma testemunha viva de Tua bondade, mesmo nas situações mais desafiadoras.

Declaro que, como Jó, não deixarei de derramar minha alma em oração a Ti, meu Deus. Permanecerei firme e sincera, cumprindo a Tua vontade.

Em nome de Jesus,

Amém.

"A CADA OBSTÁCULO VENCIDO, VOCÊ SE FORTALECE E ADQUIRE MAIS SABEDORIA."

47 Um chamado inesperado

"SE ALGUÉM LHES PERGUNTAR: 'POR QUE VOCÊS ESTÃO FAZENDO ISSO?', DIGAM-LHE: 'O SENHOR PRECISA DELE E EM BREVE O DEVOLVERÁ'." (MARCOS 11.3)

"Na humildade, Deus transforma o comum em algo extraordinário."

É claro para todos que o mundo valoriza tudo aquilo que reluz, brilha e ostenta. Contudo, há um trecho nas Escrituras que nos ensina que a simplicidade, a humildade e a obediência podem nos levar a um propósito muito mais glorioso que as glórias deste mundo. No Evangelho de Marcos, capítulo 11, encontramos o relato sobre um jumentinho que teve a maravilhosa oportunidade de carregar Jesus durante Sua entrada triunfal em Jerusalém.

Jesus não escolheu entrar em Jerusalém, pouco antes de entregar-se na Cruz, montado sobre um cavalo branco e majestoso, que faria os olhos se abrirem de espanto. Ele escolheu uma criaturinha simples e humilde. Às vezes, nós somos esse burrinho. O olhar de Deus vai muito além das aparências e talentos que o mundo valoriza; Ele se concentra na essência de nosso coração e em nossa disposição de sermos ferramentas úteis para o cumprimento de Sua vontade. Então, esse animalzinho, que provavelmente passara a vida inteira sem ser notado, de repente, viu-se no centro de um dos momentos mais históricos da humanidade. As ruas de Jerusalém estavam repletas de roupas e ramos, ao passo que a multidão exaltava o Messias, o Rei de Israel. E lá estava ele, levando o Salvador. Que missão de grande honra!

Agora, imagine que, um dia, algo assim acontecesse em sua vida. Alguém se aproxima de você, solta as cordas que a prendem e lhe diz: "O Senhor precisa de você". O que você faria? Como reagiria a um chamado tão surpreendente e profundo? Assim como o jumentinho, ao se deixar guiar no desígnio de Jesus, você pode ter certeza de que seguirá o caminho certo, um trajeto repleto de bênçãos, propósito e, acima de tudo, amor.

Acredite, Ele tem planos maravilhosos para cada uma de nós. Em cada canto, em cada detalhe e em cada momento, Ele está presente, orquestrando tudo para o nosso bem e para a Sua glória. Não busque os aplausos ou reconhecimento deste mundo. Sua verdadeira realização e missão vêm de Deus. Lembre-se de que, na simplicidade, podemos ser instrumentos de um propósito grandioso.

Deus está ao seu lado, e possui planos extraordinários para seu futuro. Não pelo que você faz, mas pelo que Ele pode realizar através de você. Em momentos de insegurança e dúvida, confie que Ele está guiando cada um dos seus passos. Você também tem o privilégio de carregar Jesus em seu coração e espalhar o amor divino para onde for.

Conversando com Deus

Amado Jesus,

Cada dia é uma nova oportunidade de experimentar a Tua graça e misericórdia, e sou eternamente grata por Tua bondade ilimitada que me alcançou.

Perdoa meus pecados, erros e falhas. Ajuda-me a superar minhas fraquezas e a crescer na fé para que eu possa Te servir com um coração puro e dedicado. Guia meus passos pelos Teus caminhos, afastando-me das tentações que procuram desviar-me da Tua vontade.

Coloco minha vida em Tuas mãos. Como esse burrinho que prontamente atendeu o propósito divino, desejo ser parte de Tua missão e cumprir Tua vontade. Assim como a glória, os gritos de aclamação e os ramos não eram para ele, mas para Jesus, que Teu nome seja exaltado enquanto eu servir humildemente nessa obra.

Declaro que, em tudo o que fizer, a Tua graça e misericórdia serão visíveis e inspirarão outras pessoas a se aproximarem de Ti. Minha vida será um contínuo louvor ao Teu nome e refletirá a Tua glória e amor a cada instante.

Em nome de Jesus,

Amém.

48 O caminho dos justos

"PORQUE O SENHOR CONHECE O CAMINHO DOS JUSTOS, MAS O CAMINHO DOS ÍMPIOS LEVA À DESTRUIÇÃO." (SALMOS 1.6)

"Ainda que haja mil injustos ao seu redor, escolha manifestar o caráter e o atributo de Cristo, o Justo."

Ainda que escutemos tantas notícias de injustiças, não devemos nos acostumar a elas. Somos chamadas a trilhar *o caminho dos justos*. Como nos ensina a Palavra: "O Senhor firma os passos do homem bom e no seu caminho se compraz" (Salmos 37.23, ARA).

As Escrituras nos ensinam muitas verdades sobre as bênçãos dos justos — e nós somos justificadas por Cristo. Aquela que crê e se entrega ao Senhor é como uma árvore frondosa plantada junto a ribeiros de águas, suas raízes firmemente entrelaçadas na terra fértil (cf. Salmos 1.3). A sua fé, nutrida pela Palavra, torna-se fonte inesgotável de força e renovação. O crescimento verdadeiro não é apressado, mas profundo e inabalável, sustentado pela confiança na promessa divina.

As filhas de Deus, justificadas pelo sangue de Jesus, precisam aprender que é essencial afastar-se dos caminhos tortuosos e da companhia daquelas que semeiam engano, pois é na vereda da justiça que está a vida, e no caminho da sua carreira não há morte (cf. Provérbios 12.28). Você já considerou como amizades tolas podem entulhar seu coração de tolices?

Em cada estação da vida, floresceremos segundo o tempo perfeito do Senhor. Nos períodos de abundância, celebremos com gratidão. Nos tempos de escassez, confiemos, pois é na adversidade que nossa força se manifesta. Contudo, isso apenas pode ser vivenciado quando escolhemos não andar segundo o conselho dos ímpios, nem nos deter no caminho dos pecadores ou nos assentar nas rodas dos escarnecedores. Escolha ter seu prazer na lei do Senhor para ser uma árvore que bebe das águas vivas e dá frutos doces (cf. Salmos 1.1-3). Aquelas que andam no caminho da justiça crescem e frutificam segundo o tempo de Deus.

Portanto, a cada novo amanhecer, renove seu compromisso com Deus. Assim como o Sol se ergue fielmente no horizonte, seu espírito também se fortalece na presença do Senhor. Sua vida tem um propósito magnífico, e cada passo que você dá faz parte do plano divino, tecido com perfeição pelo Criador. Caminhe com firmeza, pois o Senhor a guia. No final, será a robustez do seu espírito que determinará seu destino.

> "A CADA NOVO AMANHECER, RENOVE SEU COMPROMISSO COM DEUS."

Conversando com Deus

Amado Salvador,

Com profunda reverência e gratidão, venho a Ti para expressar minha adoração e louvor. Em Teu abraço seguro, encontro conforto e força. Sob Tua proteção, sou como a árvore plantada à beira das águas, cujas folhas não murcham e que dá frutos no tempo certo.

Purifica-me, Senhor, com Tua graça, renovando meu espírito e concedendo-me um coração limpo e uma mente renovada a cada amanhecer. Não desejo trilhar caminhos de morte e impiedade, mas os caminhos de justiça e justificação.

Peço Tua ajuda para enfrentar os desafios que surgirem. Que minha fé em Ti ilumine meu caminho e traga esperança nas horas mais sombrias. Concede-me sabedoria para fazer escolhas justas e discernimento para optar pelo bem, mesmo quando a tentação aparecer.

Declaro que serei uma mulher revestida de dignidade e compromissada com a justiça, para a glória do nome de Cristo.

Em nome de Jesus,

Amém.

49 O poder da fé

"PORTANTO, EU DIGO QUE TUDO O QUE PEDIREM EM ORAÇÃO, CREIAM QUE RECEBERÃO, E ASSIM SUCEDERÁ." (MARCOS 11.24)

"Você ainda verá as montanhas se moverem, se tiver fé."

Imagine-se segurando em suas mãos uma minúscula semente de mostarda. À primeira vista, ela parece insignificante, pequena demais para causar impacto. No entanto, dentro desse grão, há um potencial extraordinário. Com o tempo, sob os cuidados certos, essa semente cresce e se torna uma das maiores hortaliças, oferecendo abrigo e alimento. Assim é a fé: mesmo que comece pequena, ela carrega em si o poder de transformar realidades.

Quantas vezes nos sentimos incapazes diante dos desafios da vida? Olhamos para nossas montanhas de dificuldades e pensamos que jamais conseguiremos superá-las. A dúvida sussurra que somos fracas, que não há saída, que nossas orações não terão efeito. Mas Jesus nos ensinou algo poderoso: se tivermos fé do tamanho de um grão de mostarda, poderemos dizer a uma montanha para se mover, e ela se moverá (cf. Mateus 17.20).

Não é sobre a força humana, mas sobre o poder da fé. Essa pequena centelha, quando colocada nas mãos de

Deus, expande-se e gera frutos. A fé é uma ponte entre o visível e o invisível, um elo entre nossas limitações e a grandeza do Criador. Quando confiamos, mesmo sem enxergar o resultado final, permitimos que Deus trabalhe em nossa vida de maneira sobrenatural.

A oração fortalece essa jornada. Ao nos comunicarmos com Deus, regamos a nossa semente de fé, permitindo que ela cresça e floresça. Não se trata apenas de pedir, mas de confiar, agradecer e entregar. Às vezes, o crescimento da fé é imperceptível no início, mas cada oração, cada ato de confiança, é como um raio de sol que aquece a semente e a faz brotar.

A semente de mostarda nos ensina que não importa quão pequeno pareça nosso começo; o que realmente importa é a persistência em confiar no Senhor. Sua fé pode ser mínima agora, mas continue cultivando-a. Com o tempo, ela se tornará grande o suficiente para transformar sua vida e abrigar outros que necessitam de esperança. No fim, não é o tamanho do desafio que define a vitória, mas a convicção de quem crê no Deus do impossível.

> "Não importa quão pequeno pareça nosso começo; o que realmente importa é a persistência em confiar no Senhor."

Conversando com Deus

Amado Deus,

Como uma pequena semente de mostarda, apresento-me diante de Ti, reconhecendo minha pequenez, mas confiando no poder da fé que Tu plantaste em meu coração.

Glorificado seja o Teu nome acima de tudo! Agradeço-Te por Teu Filho, Jesus Cristo, que nos ensinou que, ainda que nossa fé comece pequena, ela pode crescer e transformar realidades quando colocada em Tuas mãos. Peço-Te que fortaleças minha fé, regando-a com Tua graça e amor, para que ela cresça e frutifique. Purifica meu coração e renova meu espírito, para que minha vida seja solo fértil onde Tua vontade floresça.

Quando eu me sentir fraca diante das montanhas que surgem no meu caminho, lembra-me de que, com fé, nada é impossível para Ti. Que eu possa confiar mais no Teu poder do que nas circunstâncias, olhando além do visível e esperando com paciência o crescimento que Tu estás realizando em mim.

Declaro que crescerei em fé e que a semente do Evangelho plantada em meu coração florescerá e frutificará em abundância, dará frutos que permaneçam.

Em nome de Jesus,

Amém.

50 Entre obstáculos e bênçãos

"DO SENHOR VEM A SALVAÇÃO. A TUA BÊNÇÃO ESTÁ SOBRE O TEU POVO." (SALMOS 3.8)

"Sob a mão divina, cada passo torna-se uma conquista."

Hoje, desejo lembrar você que, entre o obstáculo e a bênção, está a Palavra de Deus. Salmos 3.8 nos lembra que do Senhor vem a salvação e que a bênção do Altíssimo está sobre o seu povo. Essa verdade foi vivida por muitos ao longo da história bíblica, como o próprio rei Davi, que escreveu esse salmo enquanto fugia de seu filho Absalão.

Davi enfrentou traição, perseguição e momentos de profunda angústia. O peso da incerteza o cercava, mas em vez de se render ao medo, ele encontrou refúgio no Senhor. Mesmo em meio ao caos, Davi reconheceu que Deus era seu escudo, sua fortaleza e seu libertador. Assim como ele, podemos confiar que, em nossas dificuldades, Deus nos envolve com Sua proteção.

Quando os desafios parecem insuportáveis e a solidão ameaça nos consumir, lembremos que Deus nunca nos abandona. Ele nos sustenta em cada queda e renova nossas forças para continuar. Sua presença é como um escudo invisível, cobrindo-nos de graça e misericórdia.

As lutas podem ser intensas, mas são também oportunidades de fortalecimento da nossa fé.

Seja qual for a dificuldade que você esteja enfrentando, faça como Davi: clame ao Senhor. Derrame diante Dele suas aflições, e confie que Ele ouve e responde. Não permita que o medo ou a incerteza apaguem sua esperança. Em Cristo, encontramos segurança, e Nele sabemos que cada provação será transformada em aprendizado e crescimento. O caminho pode ser árduo, mas Deus é fiel. Cada batalha vencida nos torna mais fortes, cada livramento recebido nos ensina a confiar ainda mais Nele. Creia que, assim como Davi experimentou a fidelidade divina, você também verá o cuidado de Deus em sua vida. Ele transforma lágrimas em alegria, fraqueza em força e incerteza em esperança.

Não desista! Permaneça firme na fé, pois a bênção do Senhor está sobre você. Que cada dia seja uma nova oportunidade para fortalecer sua confiança em Deus, sabendo que Ele está sempre ao seu lado, conduzindo-a à vitória.

Conversando com Deus

Amado Pai,

Exalto Teu nome e glorifico Tua fidelidade, pois és meu refúgio e libertador, assim como foste para Davi em seus dias de aflição. Em Ti encontro segurança, consolo e direção em meio às tempestades da vida.

Quando as incertezas me cercam e as lutas parecem grandes demais, lembro-me de que Tu és meu escudo, minha fortaleza inabalável. Assim como sustentaste Teu servo Davi no deserto da adversidade, sustenta-me, Senhor, e renova minha fé. Ensina-me a confiar plenamente em Teu plano, mesmo quando não compreendo o caminho à minha frente.

Perdoa-me pelas vezes em que minha fé vacilou e permiti que o medo dominasse meu coração. Sei que Tu és soberano sobre todas as coisas e que Tua mão está sempre estendida para me levantar. Que eu jamais me esqueça de que, em Ti, encontro salvação e vitória.

Guia-me, Senhor, para que meus passos sigam sempre na Tua luz. Livra-me das armadilhas que tentam me desviar e fortalece-me para enfrentar cada desafio com coragem e serenidade. Dá-me um coração que confia, assim como Davi confiou, sabendo que és Tu quem luta por mim.

Declaro que minha vida será um testemunho do Teu amor e da Tua bondade. Minha fé crescerá e se fortalecerá a cada dia, para que eu seja um instrumento da Tua paz e esperança neste mundo.

Em nome de Jesus,

Amém.

51 O maior mandamento

"AME AO SENHOR, O SEU DEUS, COM TODO O SEU CORAÇÃO, COM TODA A SUA ALMA, COM TODO O SEU ENTENDIMENTO E COM TODAS AS SUAS FORÇAS." (MARCOS 12.30)

"Viver pelo amor transforma corações e reflete a luz do Criador."

Certa vez, um escriba perguntou a Jesus qual era o maior dos mandamentos e a resposta dada foi direta e clara: "O mais importante é: 'Ouve, ó Israel: O Senhor nosso Deus é o único Senhor. Ame o Senhor seu Deus de todo o seu coração, de toda a sua alma, de todo o seu entendimento e de todas as suas forças'. E o segundo é: 'Ame o seu próximo como a si mesmo'. Não há mandamento maior do que estes" (cf. Marcos 12.28-31). Essas palavras guardam o cerne dos ensinamentos do nosso Redentor: o amor triunfa sobre o juízo. E como expressamos esse amor? Através da entrega total do nosso coração, alma, entendimento e forças a Deus. Isso significa colocar o Senhor acima de tudo, confiar Nele sempre e dedicar-se inteiramente à Sua vontade.

A beleza desse mandamento está em sua simplicidade. Ele não é complicado nem de difícil entendimento; é acessível. Contudo, sua aplicação no dia a dia pode ser desafiadora. Todos os dias, enfrentamos situações e pessoas que testam nossa paciência, compaixão e afeto. É fácil amar aqueles que nos amam; a verdadeira prova é estender esse amor àqueles que nos ferem ou nos ignoram.

Comprometer-se a viver segundo esse mandamento é encontrar a verdadeira paz e felicidade. O amor é a força mais sublime do Universo; ele tem o poder de curar feridas, unir diferenças e transformar corações. Quando amamos de verdade, tornamo-nos reflexo do amor de Deus neste mundo caído e carente.

Amar a Deus acima de todas as coisas e ao próximo como a si mesmo não é apenas uma instrução; é o caminho para uma vida plena e significativa. Ao vivermos de acordo com esse mandamento, encontramos propósito em nossas ações e decisões. Não seguimos regras apenas por seguir, mas porque entendemos sua importância e seu profundo significado.

Faça das palavras de Jesus sua bússola e guia. Não as veja como um fardo, mas como o caminho para uma vida preenchida de amor, empatia e discernimento.

> “AMAR A DEUS ACIMA DE TODAS AS COISAS E AO PRÓXIMO COMO A SI MESMO NÃO É APENAS UMA INSTRUÇÃO; É O CAMINHO PARA UMA VIDA PLENA E SIGNIFICATIVA.”

Ao caminhar sob a liderança do maior dos mandamentos, você se torna um farol, irradiando a luz do amor incondicional de Deus e vivendo plenamente em harmonia com o propósito divino que lhe foi destinado.

Conversando com Deus

Amado Deus,

Creio que Teus olhos me observam com bondade e que Teu coração é uma fonte inesgotável de compaixão.

Lava minha alma com Tua graça e renova meu espírito com Teu perdão restaurador. Afasta de mim as tentações que me desviam do caminho da retidão e protege-me dos perigos que me cercam. Tua misericórdia é a luz que guia meus passos nas trevas e Teu amor é a força que sustenta meu caminhar.

Ensina-me a amar-Te de todo o meu coração, de toda a minha alma e de todo o meu entendimento, e a amar o meu próximo como a mim mesma, conforme o mandamento de Jesus. Que minha vida seja um reflexo do Teu amor, manifestando compaixão, bondade e graça em cada palavra e ação. Ilumina meu caminho com Tua luz e guia-me sempre por Tuas veredas de justiça e paz. Capacita-me a seguir os passos de Cristo, meu Salvador, que me mostrou, com Sua vida, o verdadeiro significado do amor e do sacrifício. Ensina-me a ser humilde, a servir com sinceridade e a reconhecer em cada pessoa a Tua imagem sagrada. Que eu possa amar não apenas com palavras, mas com gestos concretos de cuidado e misericórdia.

Declaro que viverei em comunhão com Cristo e meu coração estará sempre disposto a perdoar, a estender a mão e a compartilhar a esperança que vem de Ti.

Em nome de Jesus,

Amém.

52 O Deus que ouve e responde

"RESPONDE-ME QUANDO CLAMO, Ó DEUS DA MINHA JUSTIÇA! DÁ-ME ALÍVIO DA MINHA ANGÚSTIA; TEM MISERICÓRDIA DE MIM E OUVE A MINHA ORAÇÃO." (SALMOS 4.1)

"Em cada oração, encontramos não apenas refúgio, mas a certeza de que Deus ouve, responde e transforma angústia em paz."

Quando a aflição bate à porta e a alma se sente esmagada pelo peso das incertezas, há uma verdade inabalável que deve ser lembrada: Deus ouve o seu clamor. O salmo 4 é um reflexo da súplica de Davi em meio a tempos turbulentos. Ele foi escrito em um período de oposição e crise, talvez durante a rebelião de Absalão, e demonstra a confiança de Davi na justiça divina.

Talvez você esteja atravessando um deserto de desafios, sentindo-se esquecida ou sem forças para continuar. Mas saiba que Deus, em Sua infinita graça, não apenas escuta seu clamor, como também intervém em seu favor. Ele é o Deus que transforma noites escuras em manhãs radiantes, que concede alívio no meio da tribulação e fortalece aqueles que Nele confiam. Em momentos de desespero, o coração humano tende a se prender àquilo que é passageiro, aos medos e inseguranças que sufocam a esperança. No entanto, o salmo 4 nos ensina a voltar nossos olhos para aquilo que é eterno: a fidelidade de Deus. Ele nos chama a confiar não na instabilidade das circunstâncias, mas na justiça divina, que jamais falha.

A paz que vem do Senhor não depende das condições externas, mas da certeza de que Ele governa todas as coisas. Mesmo quando as respostas parecem tardar, quando o silêncio parece ser a única resposta, Deus continua agindo. Ele conhece cada lágrima que você derrama e cada anseio oculto do seu coração. Sua presença é um refúgio seguro, uma fortaleza inabalável nos dias turbulentos.

Por isso, agarre-se à verdade que transcende qualquer dificuldade: você não está sozinha. O Deus da sua justiça está ao seu lado, sustentando-a com Sua mão poderosa. Confie Nele, entregue seus medos e permita que a paz celestial inunde sua alma. O amanhã pertence ao Senhor, e Ele já preparou um caminho de esperança para você.

Que sua oração seja como a de Davi: sincera, confiante e cheia de fé. Pois, quando clamamos ao nosso Pai celestial, Ele nos ouve e nos responde, trazendo alívio e renovando nossa força para continuar. Descanse nessa certeza e siga adiante, pois Aquele que a ama jamais a deixará.

> "DEUS TRANSFORMA NOITES ESCURAS EM MANHÃS RADIANTES."

Conversando com Deus

Amado Deus,

A Ti elevo meu louvor. No silêncio deste momento, sinto Tua presença acolhedora e busco um diálogo sincero contigo. Sei que ouves meu clamor, assim como ouviste Davi, e confio que, na angústia, Tu me darás alívio.

Reconheço minha fragilidade e apresento a Ti minhas falhas e incertezas. Rogo por Tua misericórdia, sabendo que, mesmo em meus erros, Tu és compassivo e generoso. Assim como Davi confiou em Tua justiça, entrego-me a Ti, buscando refúgio em Tua fidelidade.

Peço-Te que toques meu coração e concedas serenidade às minhas inquietações. Dá-me a paz que só Tu podes dar e guia-me nos caminhos de justiça e verdade. Sei que não estou sozinha, pois Tua presença é minha fortaleza. Suplico por uma fé renovada e coragem para enfrentar os desafios. Fortalece-me para que, nas provações, eu encontre em Ti força e consolo. Que minha oração seja sincera e cheia de fé, pois sei que Tu ouves aqueles que Te buscam.

Declaro que, como diz Tua Palavra, confiarei que nunca estou só. Sirvo a Ti, ó Deus, que me ouves e me respondes graciosamente.

Em nome de Jesus,

Amém.

53 A autêntica entrega

"[...] EM VERDADE LHES DIGO QUE ESTA VIÚVA POBRE COLOCOU NA CAIXA DE OFERTAS MAIS DO QUE TODOS OS OUTROS." (MARCOS 12.43)

"Abra sua mão e seja generosa, pois Deus está buscando mulheres que O adorem assim."

A essência mais pura da generosidade não está na grandeza dos presentes que oferecemos, mas na sinceridade e na pureza das ofertas que nascem de nosso coração. Nas sábias palavras de Jesus, conforme registrado em Marcos 12.41-44, percebemos que a verdadeira essência do dar vai além da quantia, mas celebra a intenção e o sacrifício que a acompanham.

Nesse relato, Jesus observa uma viúva que contribuiu com duas pequenas moedas, que pareciam insignificantes aos olhos dos demais, mas tinham um valor de devoção sacrificial: ela deu o que tinha, não o que sobrava. Para a sociedade, esse gesto parecia trivial, mas, para ela, significava tudo e revelava uma confiança e fé que vão além do que é tangível. Frequentemente, também nos deixamos seduzir pela ideia de que apenas doações generosas são importantes. Contudo, a perspectiva dos Céus nos revela que as dádivas mais preciosas são aquelas que nascem a partir do sacrifício, aquelas que realmente tocam a alma. Perguntemo-nos: o que nos motiva a dar? Buscamos aplausos? Sentimo-nos obrigadas a sermos generosas? Ou somos movidas por um amor sincero e gratidão genuína? Quando o ato de dar surge não da expectativa dos outros, mas de uma compaixão real, o gesto ganha um valor imensurável.

O exemplo da viúva oferece uma valiosa lição de vida, mostrando que a verdadeira generosidade não se mede pelo que se tem, mas pela disposição de se sacrificar. Não se trata apenas de despender recursos, mas de compartilhar um pouco de si mesma. Não é para impressionar, mas para tocar o coração do Salvador. Em nossa vida, seremos frequentemente confrontadas com inúmeras oportunidades de exercitar generosidade, de estender a mão, de emanar bondade. Em cada situação, reflita não apenas sobre o que está dando, mas sobre como está dando. Pergunte-se: "Estou dando o melhor de mim?".

Cada uma de nós possui uma capacidade extraordinária de amar, cuidar e sacrificar-se pelos outros. É nessa entrega, nessa oferta de nós mesmas, que se revela o verdadeiro significado da generosidade. Não se trata de quantias ou cifras; trata-se de amor e propósito. A real liberalidade é aquela que, partindo do sacrifício, transforma tanto a doadora quanto a destinatária. Esteja sempre disposta a se entregar e a oferecer o melhor de si — que é Cristo —, e descobrirá a riqueza da generosidade.

Conversando com Deus

Amado Pai,

Diante de Ti, venho humildemente em busca de misericórdia pelas vezes em que fui impaciente, pelas ocasiões em que deixei de estender a mão ao próximo e pelos momentos em que o orgulho dominou o meu coração. Eu peço perdão.

Renova meu espírito, Senhor, e enche-me com Tua graça. Orienta meus passos, para que eu possa seguir Teus ensinamentos com dedicação e devoção. Afasta de mim as tentações que surgem, permitindo-me manter o foco no que é justo, bom e generoso.

Dá-me coragem para agir com altruísmo e sabedoria para discernir o bem em todas as situações. Em cada gesto de compaixão e cada palavra de conforto, que Tua bondade se manifeste através de mim. Ajuda me a ter um coração desprendido das riquezas deste mundo.

Declaro que terei o mesmo sentimento que houve também em Cristo Jesus, deixando de lado o que é meu para tomar o que é Teu. Serei bondosa, generosa e semelhante ao meu Salvador.

Em nome de Jesus,

Amém.

54 Deus responde a quem clama

"ESCUTA, SENHOR, AS MINHAS PALAVRAS, CONSIDERA O MEU GEMIDO. ATENTA PARA O MEU GRITO DE SOCORRO, MEU REI E MEU DEUS, POIS É A TI QUE IMPLORO." (SALMOS 5.1-2)

"A presença de Deus não é apenas um farol para os perdidos, mas também um porto seguro para os encontrados, para Seus filhos."

No redemoinho de dificuldades que a vida nos impõe, surgem questões que ecoam em nosso coração: "Por que estas provações estão em meu caminho?" Cercadas por ventos tempestuosos e ondas que parecem querer nos engolir, é a fé em nosso Deus que se ergue como um porto seguro, concedendo-nos a resiliência necessária para enfrentar cada desafio com equilíbrio.

O salmo 5 nos lembra da grandeza de Deus, que, de manhã, ouve nossas palavras e acolhe nossas orações. Davi, em meio às suas aflições, clamou: "De manhã, SENHOR, ouves a minha voz; de manhã te apresento a minha oração e fico esperando" (Salmos 5.3). Esse versículo revela que, ao nos ajoelharmos e entregarmos nossas preocupações, desejos e gratidão a Ele, estamos diante de um Deus que nos escuta atentamente. Ele não apenas ouve, mas atende de acordo com Sua perfeita vontade e tempo.

Nosso Pai Celestial está atento a cada sussurro de nossa alma, seja em momentos de angústia ou de alegria. Às vezes, Ele responde de maneira diferente da que esperamos, mas sempre refletindo Seu profundo amor e sabedoria. Cada oração, cada lágrima derramada, e até mesmo os momentos de felicidade estão cercados pela Sua compreensão. Davi, em seu clamor, afirmava com confiança que o Senhor "não é Deus que se agrade de iniquidade" (cf. Salmos 5.4), mas que Ele ouve "o justo" (cf. Salmos 5.8). Essa confiança nos impulsiona a buscar a comunhão diária com Deus, sabendo que Ele nos fortalecerá.

Cada manhã, ao nos levantarmos, podemos nos aproximar de Deus, cientes de que Ele está disposto a ouvir. Se você se encontra cercada pela tempestade, incline-se em oração, entregando suas preocupações a Ele, pois o Senhor abençoa o justo; como um escudo o cerca com o Seu favor (cf. Salmos 5.12). Nos momentos de silêncio, quando o caos do mundo se acalma, converse com o Senhor, exponha seus medos, seus sonhos e suas esperanças. Lembre-se, Ele nunca está distante e, em Sua presença, encontramos consolo e direção. Mesmo quando você se sentir sozinha, Ele está ao seu lado, pronto para ouvir.

Fortaleça sua conexão com Deus, entregando-Lhe suas ansiedades e confiando no cuidado divino. Lembre-se, como diz o salmo 5, Ele é nosso refúgio e nos guia com misericórdia e justiça. Nunca deixe de crer, pois Sua presença e amor são constantes, e Ele sempre está ao nosso lado.

Conversando com Deus

Amado Pai,

Em Ti encontro refúgio e paz. Em meio às dificuldades, levanto meu coração a Ti, buscando abrigo em Tua graça infinita. Tu és meu porto seguro, e em Tua presença encontro serenidade.

Reconheço minhas falhas e peço Tua misericórdia, purificando-me para que eu possa caminhar com um coração renovado, guiada pela Tua sabedoria. Fortalece minha fé, Senhor, e concede-me coragem para enfrentar os desafios, confiando que Tua mão está sempre comigo. Que eu possa experimentar Tua paz, que acalma minha alma e me dá esperança.

Ouve meu clamor e envolve-me com Teu amor eterno. Que minha vida reflita Tua bondade e inspire outros a buscar a paz que só Tu podes dar. Em Tua sabedoria, guia meus passos, para que eu viva conforme Tua vontade.

Declaro que não buscarei segurança e descanso do coração em outras coisas desta vida, mas apenas no Porto Seguro inabalável, que é Cristo. Elevarei meus clamores a Ti, que podes me responder e transformar meu coração.

Em nome de Jesus,

Amém.

55 O dia da volta

"PORTANTO, VIGIEM, PORQUE VOCÊS NÃO SABEM QUANDO O DONO DA CASA VEM [...]." (MARCOS 13.35)

"Preparar o espírito é essencial para o glorioso retorno de Jesus."

Ao olharmos para uma figueira e observarmos seus ramos se tornarem tenros e suas folhas brotarem, compreendemos que a estação do verão se aproxima. Da mesma forma, ao testemunharmos os indícios e rumores de guerras, o caos familiar, a multiplicação da ciência e o esfriamento do amor, discernimos que um grande acontecimento está por vir: o retorno de Cristo. Esse é o aviso dado por Ele em Marcos 13.28-36.

Jesus, em Sua infinita sabedoria, usava parábolas para nos ensinar lições profundas de maneira simples. Ao falar da figueira, Ele não se refere apenas a uma árvore, mas nos ensina sobre discernimento e atenção aos sinais dos tempos. Assim como você não precisa ser botânica para perceber que o verão está chegando ao ver as folhas da figueira, não é necessário ser teóloga para notar os sinais da vinda de Jesus. Mas quais são esses sinais? O capítulo 13 de Marcos é rico em exemplos: falsos profetas, guerras, terremotos, entre outros. O essencial não é sucumbir ao medo ou à desilusão, mas manter-se preparada e vigilante.

A preparação não é física, mas espiritual. O relacionamento que você cultiva com Jesus, o tempo que dedica à oração, à meditação bíblica e ao estudo da Palavra são formas genuínas de se preparar. Assim como um agricultor cuida de sua terra antes da semeadura, você deve cuidar do seu coração, preparando-o para encontrar-se com Jesus. Nosso Mestre conclui Marcos 13 com uma advertência: "Vigiai, pois, porque não sabeis quando virá o dono da casa; se à tarde, se à meia-noite, se ao cantar do galo, se pela manhã; para que, vindo ele inesperadamente, não vos ache dormindo. O que, porém, vos digo, digo a todos: vigiai!" (ARA). Estar vigilante não significa viver em constante ansiedade, mas estar em comunhão contínua. Significa estar atenta aos eventos ao redor, mas, acima de tudo, consciente do estado do próprio espírito.

Em um mundo repleto de distrações, é fácil se perder em preocupações temporais e esquecer-se de nosso Salvador. No entanto, a promessa de Jesus é clara: Ele está voltando! E mais do que um alerta, isso é uma promessa cheia de esperança, amor e redenção. Assim como nos preparamos para os dias de calor, preparemo-nos também para o glorioso dia de Seu retorno. Cultive seu relacionamento com Ele, permaneça fiel e vigie. Pois, em um momento inesperado, Jesus retornará. Para aqueles que estiverem preparados, será um reencontro glorioso e repleto de júbilo.

Conversando com Deus

Amado Deus,

Na serenidade de Tua presença, meu espírito encontra consolo e alívio das angústias deste mundo.

Protege-me dos perigos e armadilhas que surgem em meu caminho. Fortalece meu coração para resistir às tentações e afastar-me das influências que me distanciam de Ti. Guarda-me dos enganos daqueles que desejam desviar minha fé. Ilumina minha mente e concede-me a sabedoria para discernir Tua vontade em cada situação, principalmente nestes últimos dias antes do glorioso retorno de Cristo.

Desejo um relacionamento profundo e inabalável Contigo, nutrido pela oração fervorosa, meditação sincera e estudo dedicado da Tua Palavra. Que cada dia traga um novo entendimento e aproximação de Teu coração. Prepara-me, Senhor, para o momento glorioso de Teu retorno, pois minha vida está selada pela redenção.

Declaro que serei uma filha atenta aos sinais que antecedem o retorno do meu Amado. Terei minhas vasilhas cheias de óleo para encontrar meu Noivo.

Em nome de Jesus,

Amém.

56 O supremo refúgio

"O SENHOR É REFÚGIO PARA OS OPRIMIDOS, SIM, UM REFÚGIO EM TEMPOS DE ANGÚSTIA." (SALMOS 9.9)

"Não há refúgio mais seguro para os oprimidos do que o verdadeiro Deus."

O salmo 9, atribuído ao rei Davi, é um convite para refletirmos sobre a justiça e a fidelidade de Deus. Davi, em meio a batalhas e desafios, encontrou segurança no Senhor e nos ensina que também podemos encontrar abrigo Nele. Hoje, esse salmo continua sendo um lembrete poderoso: Deus é o refúgio dos oprimidos e jamais desampara aqueles que O buscam com sinceridade.

Você já enfrentou uma tempestade de chuva enquanto caminhava na rua e precisou buscar um lugar seguro? O Senhor se eleva majestosamente como um abrigo seguro para você, nos momentos em que o sofrimento parece esmagador. Imagine-se correndo para os braços do Pai Celestial e encontrando descanso ali. Ele é intransponível, forte e está sempre pronto para acolhê-la.

Reflita por um instante: como você pode entrelaçar sua fé à perseverança no dia a dia? Ao confiar no Senhor, você descobre uma fonte inesgotável de força e coragem. Ainda que os desafios tentem abalar suas convicções, lembre-se: Deus é seu rochedo inabalável. Nos momentos de desânimo, lembre-se desse abrigo sagrado e permita que Ele renove suas forças. Você não foi criada para enfrentar os desafios da vida sozinha. Deus a moldou para que você encontre abrigo nos braços Dele, para sentir Sua presença em cada passo da jornada. Há dias em que as dúvidas, temores e incertezas surgem, mas cada ato de fé a aproxima mais do Pai.

Cada obstáculo que você enfrenta é também uma oportunidade para se reconectar com Deus. Ele envolve você com Seu amor como um manto que protege e aquece. Ao entregar suas preocupações a Ele, você não apenas encontra alívio, mas também renova sua coragem para seguir em frente. Portanto, enquanto você trilha esse caminho de fé, saiba que Deus está moldando sua história para um propósito grandioso. Sua luz é necessária no mundo e sua fé é um testemunho do amor do Pai. Você é amada de forma incomensurável, e cada detalhe de sua vida está nas mãos Daquele que a criou. Ele é infalível e cuida de você com zelo.

Não permita que as tempestades apaguem o brilho de sua fé. Mantenha-se firme, sabendo que o refúgio do Pai Celestial está sempre acessível para você. Acredite na força da perseverança, na eficácia do amor divino e na promessa de um futuro brilhante.

> "DEUS A MOLDOU PARA QUE VOCÊ ENCONTRE ABRIGO NOS BRAÇOS DELE."

Conversando com Deus

Amado Deus,

Com humildade, reconheço minhas falhas e busco Teu perdão. Sei que Teu coração está sempre aberto para acolher aqueles que se arrependem sinceramente. Renova minha alma com Tua compaixão e traz descanso ao meu espírito inquieto.

Protege-me das tempestades que desafiam minha fé. Envolve-me com Tua força e guia-me para que eu enfrente cada dia com confiança em Tua providência. Que eu encontre apoio na comunhão de meus irmãos na fé e, juntos, possamos superar as provações.

Derrama sobre nós Tua graça, transformando cada lágrima em uma ponte que nos aproxima de Ti. Concede-me sabedoria para reconhecer Tua presença em minha vida e confiança para descansar em Teus planos. Que eu sempre busque Teu rosto e encontre em Ti a resposta para todas as minhas angústias.

Em nome de Jesus,

Amém.

57 Entre a angústia e a paz

"[...] ABA, PAI, TUDO TE É POSSÍVEL. AFASTA DE MIM ESTE CÁLICE; CONTUDO, NÃO SEJA COMO EU QUERO, MAS COMO TU QUERES." (MARCOS 14.36)

"A partir da oração, encontramos forças para cumprir e obedecer à vontade de Deus — mesmo quando ela é contrária à nossa."

A oração é a chave que nos conduz ao consolo e à compreensão, especialmente quando o coração está aflito e a alma parece naufragar em um mar de angústias. No Jardim do Getsêmani, como descrito em Marcos 14.32-36, Jesus, em profunda agonia, derramou Sua dor diante do Pai. Ele exemplificou que, em tempos de tribulação, a oração não apenas fortalece, mas nos alinha à vontade soberana de Deus. Assim como Cristo buscou ao Pai, confiemos que, em Sua presença, encontraremos paz e direção.

Imagine-se por um instante no lugar de Jesus, no Jardim, sentindo a pressão do que estava por vir. Mesmo Ele, que tinha uma conexão única com o Pai, sentiu a necessidade de se ajoelhar e orar. Nós, em nossa fragilidade humana, compartilhamos essas mesmas dúvidas e temores, e é exatamente por isso que a oração é tão fundamental. A partir dela, somos abraçadas pela graça de Deus e impedidas de decidir carnalmente.

Orar vai além de simplesmente falar; é também ouvir. Não é monólogo, é diálogo. É abrir espaço para que Deus fale ao nosso coração, iluminando nosso caminho e concedendo sabedoria. A oração é o mapa que guia nossa trajetória, o abrigo em meio ao caos e a âncora que nos mantém firmes durante as tempestades. Ela nos lembra de que não estamos sós e de que, mesmo nas horas mais sombrias, há um propósito por trás da provação. Jesus nos ensinou que, mesmo diante do infortúnio, a comunhão com o Pai é a fonte de alento. Ele poderia ter escolhido qualquer outra forma de enfrentar Seu tormento, mas escolheu orar. Nós também temos essa poderosa ferramenta ao nosso alcance. Recebemos a capacidade de nos conectar com Deus, buscar respostas e encontrar conforto.

Orar não é apenas um ato de devoção, mas um diálogo contínuo com o Pai Celestial. É um lembrete constante de que, em qualquer circunstância, temos acesso a uma fonte infinita de amor e sabedoria. Ao orarmos, encontramos a serenidade necessária para enfrentar os desafios com coragem e esperança, sabendo que sempre estamos amparadas pelo amor do nosso Deus e Pai. Assim como Jesus no Getsêmani, encontramos força e consolo quando nos rendemos à orientação do Espírito Santo. Portanto, permita que a oração seja a bússola que guia seu espírito e a luz que ilumina seu caminho, ciente de que, com fé, o impossível se torna possível.

Conversando com Deus

Amado Redentor,

Em Tua presença encontro consolo e esperança. Assim como Jesus, no Getsêmani, se rendeu à Tua vontade, ó Pai, ensina-me a confiar e me entregar plenamente.

Nos momentos de fraqueza, abrigo-me em Teu amor. Perdoa-me por meus erros e renova-me com Tua graça. Quando a incerteza me cerca e o peso das preocupações recai sobre mim, sustenta-me com Tua paz e coragem.

Guia meus passos segundo Teu propósito. Que minha vida seja um reflexo de Tua bondade e minha fé permaneça firme, mesmo quando não vejo o caminho. Sei que Tua mão me sustenta e em Ti encontro segurança.

Declaro que, como Jesus, aprenderei a renunciar minhas vontades e abraçarei as Tuas. Em oração, serei guiada em paz e descanso por caminhos de vida eterna.

Em nome de Jesus,

Amém.

58 O preço já foi pago

"DIZ O TOLO NO SEU CORAÇÃO: 'NÃO HÁ DEUS'. ELES SE CORROMPERAM E COMETERAM ATOS DETESTÁVEIS; NÃO HÁ NINGUÉM QUE FAÇA O BEM." (SALMOS 14.1)

"Você não precisa se sentir culpada ou ansiosa para salvar a si mesma ou aos seus familiares. Cristo já pagou o preço na Cruz! Entregue-se a Ele, seja luz e, depois, confie Nele."

Em momentos de reflexão profunda, permitimo-nos pensar: "Quem, ao meu redor, ainda busca o que é bom?" O salmo 14.1 nos lembra da realidade do mundo em que vivemos: muitos se desviam do caminho, entregando-se a desejos passageiros e a uma vida sem direção. O pecado, esta força sedutora e destrutiva, tenta nos afastar da luz da graça de Deus e, por vezes, sentimo-nos fora do lugar em um mundo que rejeita a verdade.

Contudo, Deus, de Sua morada gloriosa, olha para a humanidade e busca aqueles que O adoram em espírito e verdade. Ele vê nossos erros, mas também enxerga nosso coração e o desejo sincero de redenção. E aqui está a grande verdade: não precisamos realizar rituais ou sacrifícios para obter o perdão. A redenção já foi conquistada por

Jesus na Cruz e confirmada por Sua gloriosa ressurreição. O preço foi pago de uma vez por todas!

Buscar a Deus não é uma jornada de autojustificação, mas de reconhecimento da graça que nos alcança. O perdão não está condicionado às nossas próprias forças, mas à obra consumada de Cristo. Nós não conseguimos nos salvar sozinhas, nem precisamos tentar — quantas vezes nos sentimos esmagadas pela culpa e pela pressão de sermos as salvadoras de nós mesmas ou de nossa família? Cristo é quem faz essa obra. O amor de Deus nos envolve e nos restaura completamente.

Portanto, quando se sentir perdida, lembre-se de que você não precisa provar nada para receber o perdão. Volte-se para Deus com um coração sincero e confiante em Sua graça. Em Cristo, você é justificada, perdoada e livre. Sua salvação não depende de esforço humano, mas do sacrifício perfeito do Salvador.

Abrace essa verdade com alegria! Viva não sob o peso da culpa, mas na liberdade do amor divino. A Cruz já fez tudo por você. Estenda suas mãos e receba essa graça imerecida, mas plenamente oferecida. Deus já fez tudo o que era necessário. Agora, apenas descanse na certeza de que você é amada e redimida por Ele.

> "O PERDÃO NÃO ESTÁ CONDICIONADO ÀS NOSSAS PRÓPRIAS FORÇAS, MAS À OBRA CONSUMADA DE CRISTO."

Conversando com Deus

Amado Pai,

Em meio às lutas diárias, busco Teu abraço de amor, onde encontro paz e consolo, sabendo que já fui redimida por Cristo.

Reconheço minhas falhas e pecados, mas sei que o perdão já foi conquistado na cruz. Não preciso de rituais ou sacrifícios, pois Jesus pagou o preço por mim. Em Ti, sou limpa e renovada. Fortalece minha fé, Senhor. Que eu resista às tentações, guiada pela luz da Tua graça. Sei que o Teu amor e sabedoria me conduzem no caminho da redenção, sem que eu precise lutar por algo que já foi feito por Jesus.

Teu amor, Pai, é imensurável. Tu nos acolhes, sempre pronto a perdoar e oferecer nova vida. Teu perdão transforma meu coração e me inspira a viver conforme Teus ensinamentos. Conduze-me em cada passo, Senhor. Que eu Te sinta nas alegrias e nas tristezas. Que minha vida reflita Teu amor e misericórdia, sabendo que, em Cristo, já sou salva.

Agradeço por Tua proteção constante e cuidado. Em Teu amor, encontro segurança e paz. Que meu coração esteja sempre voltado para Ti, em gratidão e adoração, confiando que a redenção já é minha.

Em nome de Jesus,

Amém.

59 A profunda necessidade

"[...] A MINHA ALMA ENGRANDECE AO SENHOR, E O MEU ESPÍRITO SE ALEGRA EM DEUS, O MEU SALVADOR." (LUCAS 1.46-47)

"Quando buscamos a verdadeira alegria em Deus, descobrimos que Ele é a única fonte capaz de preencher o vazio que temos."

Muitas vezes, encontramo-nos em busca de algo maior, algo que vai além do que nossos olhos podem ver ou nossas mãos podem tocar. Em meio a esses anseios, percebemos que nada, absolutamente nada, consegue preencher o vazio que só o Criador é capaz de saciar. Podemos tentar preencher essa lacuna com prazer momentâneo, reconhecimento ou bens materiais, mas, no fim, essas tentativas se mostram insuficientes e vazias. Somos, então, lembradas de uma verdade eterna: o único que pode preencher nosso coração é Deus.

As palavras citadas no verso em destaque são cantadas por Maria, mãe de Jesus, em seu cântico de louvor após a visita do anjo Gabriel e a confirmação de sua gravidez milagrosa. Esse cântico, conhecido como o "Magnificat", surge de um coração grato que reconhece o poder de Deus de inverter as expectativas humanas e quebrar os padrões do mundo. Maria, uma mulher simples e humilde, torna-se o canal pelo qual Deus manifesta Sua graça e poder de uma maneira radical e transformadora. Maria cantou essas palavras em um momento de grande surpresa e humildade. Ela sabia que, apesar de sua insignificância aos olhos do mundo, estava carregando o Salvador. Esse cântico é uma poderosa declaração de fé, onde Maria reconhece que Deus não olha para o exterior, mas vê o coração, e Ele age em favor dos humildes e necessitados, não dos poderosos e orgulhosos.

Esse cântico se relaciona diretamente ao tema de nossa busca pela verdadeira satisfação. Ao contrário dos valores do mundo que exaltam o poder, a riqueza e a fama, Deus escolhe trabalhar através do humilde e do simples. A lição de Maria é clara: é em Deus que encontramos a verdadeira alegria e realização, não nas conquistas temporárias ou nas expectativas que o mundo nos impõe. Assim como Maria, somos convidadas a refletir sobre a grandeza de Deus e a reconhecer que Ele é o único que pode preencher nossa vida com sentido e propósito.

Como Maria exemplificou, a verdadeira felicidade vem de reconhecer a graça de Deus em nossa vida e confiar no Seu poder para transformar o que o mundo considera sem valor. Ao olharmos para Sua obra, podemos descansar na certeza de que Ele é fiel, justo e capaz de inverter as lógicas humanas. Portanto, ao refletirmos sobre as palavras de Maria, somos chamadas a buscar a verdadeira satisfação em Deus, confiando que

Ele vê o nosso coração e, em Sua bondade, convida-nos a viver uma vida alinhada com os Seus valores eternos. Que possamos, assim, encontrar paz e alegria em Sua presença, vivendo de acordo com o propósito que Ele tem para nós.

Conversando com Deus

Amado Deus,

Como Maria, minha alma engrandece ao Senhor e se alegra em Ti, meu Salvador. Reconheço que Tu és a fonte da verdadeira satisfação e que nada neste mundo pode preencher o vazio que só Tu podes preencher.

Clamo, Jesus, por Tua graça e sabedoria. Agradeço por Tua presença constante, guiando-me e fortalecendo-me a cada passo. Assim como Maria experimentou Teu favor, confio em Teu cuidado e em Teu plano perfeito para minha vida.

Perdoa-me, Senhor, pelas vezes em que busquei satisfação em coisas passageiras. Purifica meu coração e renova em mim o espírito de humildade. Dá-me sabedoria para discernir os valores eternos e força para resistir às tentações. Leva-me, Senhor, pelo caminho da humildade e da verdade, para que minhas palavras e ações reflitam Teu amor transformador. Quero viver segundo os Teus princípios, buscando a verdadeira alegria que vem de Ti.

Declaro que Tua paz encherá meu coração e orientará minhas decisões. Aprenderei a confiar em Tua provisão, sabendo que, ao seguir Teus caminhos, encontrarei realização.

Em nome de Jesus,

Amém.

"É EM DEUS QUE ENCONTRAMOS A VERDADEIRA ALEGRIA E REALIZAÇÃO, NÃO NAS CONQUISTAS TEMPORÁRIAS OU NAS EXPECTATIVAS QUE O MUNDO NOS IMPÕE."

60 A excelência da Palavra

"A LEI DO SENHOR É PERFEITA E REVIGORA A ALMA. OS TESTEMUNHOS DO SENHOR SÃO DIGNOS DE CONFIANÇA E TORNAM SÁBIOS OS INGÊNUOS." (SALMOS 19.7)

"Na Palavra de Deus, encontram-se a verdade e o caminho para a verdadeira liberdade."

O salmo 19 nos lembra que, ao olharmos para a beleza do céu, somos imediatamente confrontadas com a grandeza do Criador. O firmamento, com sua vastidão e esplendor, revela as maravilhas das Suas mãos. Cada amanhecer é um convite para reconhecer Sua magnificência, e à noite, as estrelas cantam um louvor à Sua infinita sabedoria. Assim como o Universo reflete a glória de Deus, a Sua Palavra também reflete Sua perfeição, sendo um espelho de Sua natureza pura e justa.

Quando nos voltamos para as Escrituras, encontramos a pureza e a retidão dos Seus mandamentos, que são mais preciosos que o ouro mais refinado e mais doces que o mel. Em nosso coração, esses ensinamentos se tornam uma luz que nos guia, dissipando as sombras da dúvida. Eles nos fornecem uma base firme, sobre a qual podemos construir nossa vida com confiança e propósito.

Em momentos de confusão ou incerteza, é a clareza dos preceitos divinos que traz paz. Eles renovam a alma, oferecem sabedoria aos simples e preenchem o coração com uma alegria verdadeira. Através da Sua palavra, o sagrado se torna tangível, guiando-nos a viver com um propósito elevado e digno de Sua glória.

A dedicação de Deus em cada linha e cada diretriz das Escrituras é uma expressão do Seu amor. Ele não nos deixou essas leis como um peso, mas como um guia para a verdadeira liberdade. Cada mandamento, puro e santo, traz consigo a serenidade que tanto desejamos. Eles não são apenas regras a seguir, mas caminhos de transformação e crescimento. Funcionam como um espelho que revela onde precisamos mudar. Embora esse processo seja muitas vezes desafiador, ele é um presente valioso, pois, ao reconhecermos nossas falhas, somos levadas a buscar a graça e a misericórdia do Criador para nosso aperfeiçoamento.

Que possamos permitir que os preceitos do Senhor moldem nosso caráter e guiem nossas escolhas. Ao fazermos isso, nossas ações e pensamentos honrarão a Deus, tornando-nos um farol de esperança e luz para os outros. Que as palavras da nossa boca e as meditações do nosso coração sejam sempre agradáveis aos olhos do Pai misericordioso e que, assim como o céu glorifica a Deus, nossa vida, orientada por esses ensinamentos de lealdade, generosidade e amor eterno, seja o testemunho mais belo e impactante que possamos oferecer ao mundo.

Conversando com Deus

Amado Senhor,

Em cada detalhe da Criação, vejo Teu amor imensurável e a sabedoria infinita que permeia o Universo.

Na Tua presença, encontro refúgio e proteção, e me sinto acolhida em Teus braços amorosos. Saber que estás sempre ao meu lado traz consolo ao meu coração, pois confio plenamente em Teu cuidado perfeito e infalível.

Com humildade, venho a Ti, reconhecendo minhas falhas e erros. Clamo pela Tua graça e perdão, pedindo que purifiques minha alma e renoves meu espírito. Que a Tua verdade seja a luz que me guia, para que eu viva conforme a Tua vontade, refletindo a pureza de Teus mandamentos. Guia-me pelo caminho da justiça, conforme está escrito em Tua Palavra, pois é somente em Ti que encontro a verdadeira liberdade e a paz que ultrapassa todo entendimento.

Dá-me forças para ser um reflexo de Teu amor e Tua glória neste mundo. Que meus pensamentos, palavras e ações sejam um testemunho de Tua bondade e misericórdia.

Declaro que a Tua presença será constante em minha vida, renovando-me e fortalecendo-me a cada dia. E em tudo que eu fizer, glorificarei e honrarei Teu santo nome, refletindo a beleza da Tua verdade e a grandeza do Teu amor.

Em nome de Jesus,

Amém.

61 Milagres nas cicatrizes

"SENHOR, SE QUISERES, PODES PURIFICAR-ME." (LUCAS 5.12)

"A fé em Cristo cura não apenas as enfermidades físicas, mas principalmente as do coração."

Você já imaginou quantas pessoas deixavam suas cidades para irem de encontro ao Mestre que fazia milagres, libertava endemoninhados e perdoava os imperdoáveis? Constantemente, a Bíblia nos fala da grande multidão que o espremia. Contudo, em meio a ela, um desesperado leproso se aproximou e recebeu atenção. Seu corpo, marcado pela enfermidade, era um testemunho doloroso do isolamento social que vivia. Então, com grande fervor, esse leproso clamou por Jesus: "Se você quiser, pode me limpar!". Nesse momento, expressou a profunda necessidade que tinha de redenção. Jesus, pleno de misericórdia, estendeu a mão e tocou o intocável — e quando fez isso, desafiou as rígidas normas sociais e religiosas da época. A partir desse toque e da palavra liberada, a lepra desapareceu e o homem renasceu para uma vida de esperanças.

Esse milagre vai além da cura física; representa um ato de restauração da dignidade e de possibilidades. Muitas vezes, enfrentamos nossos próprios sofrimentos emocionais, medos e inseguranças. Temos nossas próprias lepras. E podemos nos sentir como se estivéssemos perdidas, ansiando por um gesto de carinho, amor e aceitação. A fé do leproso, que se prostrou diante de Jesus, é uma lição valiosa para todas nós. Ela nos ensina que, mesmo nas circunstâncias mais difíceis, é possível encontrar transformação na presença de Deus. Cristo não apenas curou o leproso, mas o fez com compaixão e amor, mostrando-nos que a verdadeira cura não vem apenas de milagres extraordinários, mas também por meio da empatia e compreensão.

Segundo a ótica divina, os milagres não servem apenas como lembranças do passado, mas são experiências disponíveis para todos. Devemos nos inspirar na história do leproso — que se entregou vulneravelmente — e na atitude bondosa de Jesus. Cultivemos a fé não apenas como uma crença, mas como uma prática viva que se manifesta em ações de amor e compaixão, capacitando-nos a testemunhar e participar de milagres extraordinários. Querida irmã, lembre-se: Jesus não se assusta com nossas lepras, com as enfermidades que temos no coração. Ele deseja tocar-nos e curar-nos.

> "OS MILAGRES NÃO SERVEM APENAS COMO LEMBRANÇAS DO PASSADO, MAS SÃO EXPERIÊNCIAS DISPONÍVEIS PARA TODOS."

Conversando com Deus

Querido Deus,

Reconheço que há muitas feridas em meu coração. Algumas estão sarando e cicatrizando, mas outras seguem enfermando minha alma. Assim como o leproso que se prostrou diante de Jesus, clamo por Tua redenção e cura. Limpa-me com esse toque cheio de amor e então serei curada.

Nos momentos de solidão e dificuldades, encontro em Cristo meu porto seguro. Desejo ser redimida pelo sangue e curada em cada fresta do meu coração, para que o nome de Jesus seja glorificado através das minhas cicatrizes.

Em Tua presença, sinto-me completa e fortalecida. Que minha vida seja um testemunho de Tua infinita misericórdia e um cântico de louvor à Tua fidelidade.

Declaro que serei lavada, redimida e transformada pelo Teu toque de amor. Testemunharei para muitas pessoas a bondade de Cristo, que toca os intocáveis, cura os enfermos e ama os rejeitados.

Em nome de Jesus,

Amém.

62 Protegida pelo Bom Pastor

"MESMO QUE EU ANDE POR UM VALE DE DENSAS TREVAS, NÃO TEMEREI PERIGO ALGUM, POIS TU ESTÁS COMIGO [...]." (SALMOS 23.4)

"Em todo o tempo, o Bom Pastor nos guia, cuida e protege."

Imagine-se descansando em uma pastagem verdejante, onde a grama macia se estende sob seu corpo e o ar puro envolve você em uma paz completa. Nesse refúgio, você se deita tranquila, abraçada pela certeza de que está segura — há um Deus que a protege e vê. É assim que o Bom Pastor cuida de cada uma de nós, oferecendo-nos alívio. Mesmo em meio ao caos que pode nos cercar, existe uma paz profunda que só podemos receber quando confiamos em Deus.

Entretanto, a vida não é feita apenas de pastos verdejantes. Há tempos em que precisamos atravessar o vale da sombra da morte, que nos tenta com incertezas e temores. Se uma ovelhinha atravessa esse vale sozinha, ela pode chegar a tremer de medo. Contudo, se está acompanhada do Bom Pastor, deverá se lembrar de que a vara e o cajado do Senhor a acompanham constantemente. É essa presença que nos conforta, orienta e assegura que, não importa quão difícil o caminho seja, nunca estaremos abandonadas.

Independentemente de quantas vezes tropecemos ou de quão profundos sejam os vales que atravessamos, nosso Pastor está sempre pronto para nos erguer com Sua mão e proteger em Seu colo. A bondade e misericórdia divinas são ilimitadas e nos acompanham todos os dias de nossa vida. Em Sua presença, nossa alma se renova e nossa fé se fortalece. Portanto, confie na providência do Senhor, que vigia incessantemente pelo seu bem-estar. Assim como uma ovelha que deposita total confiança Nele, permita que a voz do Senhor a guie. O Bom Pastor é infinitamente digno de nossa confiança. Ele é o abrigo seguro nas tempestades. Quando nos sentirmos perdidas ou desorientadas, a Ele devemos recorrer. Ele é a bússola que nos orienta de volta para casa. Em Sua presença, experimentamos uma alegria completa, uma paz que ultrapassa todo entendimento e um amor que nunca nos abandona.

Você é uma ovelha preciosa para o Bom Pastor. Não se entregue à solidão ou ao isolamento espiritual. Busque Nele a graça que somente Ele pode oferecer, e então encontrará descanso para sua alma.

> "Confie na providência do Senhor, que vigia incessantemente pelo seu bem-estar."

Conversando com Deus

Amado Pastor,

Diante de tão doce presença, encontro refúgio e consolo para as inquietações que me cercam. A Ti confesso minhas fraquezas e falhas, reconhecendo a necessidade do Teu perdão.

Desejo trilhar os caminhos que tens para mim, com confiança e fé. Se passar por pastos verdejantes, que seja fiel e agradecida. E se passar por vales de sombra de morte, que eu me mantenha fiel e agradecida.

Conduze meus passos com firmeza, com Tua vara e Teu cajado, para que eu não me desvie do caminho que leva à vida eterna. Que Tua Palavra seja a lâmpada que ilumina minha jornada e que eu sinta Tua boa presença ao meu lado, oferecendo-me consolo e direção.

Declaro que, como ovelha do Teu rebanho, discernirei a voz do Bom Pastor e a seguirei fielmente. Não importa por onde passe, meu coração confiará em Teus propósitos.

Em nome de Jesus,

Amém.

63 Um convite ao arrependimento

"EU NÃO VIM CHAMAR JUSTOS, MAS PECADORES AO ARREPENDIMENTO." (LUCAS 5.32)

"Um coração arrependido é o primeiro passo para a transformação de vida."

A cada amanhecer, Deus nos oferece uma nova chance de recomeço. É um presente divino, um momento único para refletirmos sobre nossos erros e acertos, e para tomarmos a decisão de seguir o caminho do arrependimento e da renovação. Em Lucas 5.32, encontramos uma lição poderosa de transformação, que nos convida a enxergar além de nossas falhas e a acreditar na possibilidade de um novo começo.

Na história de Levi, um cobrador de impostos desprezado pela sociedade, vemos a imagem de um pecador que, apesar de suas imperfeições, foi convidado por Jesus para algo grandioso. Levi, também chamado de Mateus, um dos doze apóstolos, não foi chamado para viver em condenação, mas para uma vida de mudança e renovação. Jesus o viu não apenas como ele era, mas como poderia ser. E, assim como Jesus viu Levi, Ele vê você!

O convite de Jesus à transformação não é um privilégio de poucos; ele se estende a todas nós. Muitas vezes, o peso das sombras do passado e o fardo das escolhas erradas nos impedem de crer que podemos mudar. Mas, minha amiga, a luz de Jesus sempre brilha mais forte que qualquer escuridão. O arrependimento é o primeiro passo para a renovação, e é um ato de coragem e fé reconhecer nossas fragilidades. Deus não espera perfeição de nós, mas *um coração disposto a ser transformado*.

Ao olhar para a mesa onde Jesus estava, rodeado por pecadores e justos, somos lembradas de que Ele veio para os que precisam de cura, para os que anseiam por um novo começo. Não importa quão longa ou difícil tenha sido a noite, o amanhecer sempre chegará. Com Cristo, novas oportunidades surgem e, com fé, podemos superar qualquer tempestade. Ele estende a Sua mão a cada uma de nós, dispostas a mudar, a aprender e a crescer.

Não tenha medo de aceitar o convite de Jesus para uma transformação pessoal. Ele a chama para ser renovada, para abrir o coração e reconhecer que, apesar das imperfeições, você é amada e escolhida. O objetivo não é ser perfeita, mas viver uma jornada de constante evolução, buscando o crescimento, o aprendizado e a renovação no amor e na graça. Cada novo dia traz consigo uma nova oportunidade para transformar-se e viver a plenitude da vida em Cristo, sustentada pela confiança em Sua bondade e amor.

> "O ARREPENDIMENTO É O PRIMEIRO PASSO PARA A RENOVAÇÃO."

Conversando com Deus

Amado Jesus,

Elevo meu louvor e gratidão por Tua bondade e misericórdia infinitas. Teu olhar transformador, que tocou a vida de Levi, inspira-me a também buscar Tua presença e a me render à Tua graça.

Reconheço minhas fragilidades e venho a Ti em arrependimento. Perdoa-me por minhas falhas e purifica-me com Teu perdão. Liberta-me das sombras do passado e das armadilhas do mal que me cercam. Guia-me pelo caminho da renovação. Sustenta-me com Tua mão poderosa e, a cada dia, desperta em mim o desejo de transformação, para que eu viva em Teu amor.

Ajuda-me a viver segundo Teus ensinamentos, arrependendo-me dos meus pecados e refletindo Tua bondade em cada palavra, ação e pensamento.

Declaro que sempre terei um coração quebrantado e contrito, que é alvo da Tua bondade. Aceitarei o convite ao arrependimento, dia após dia.

Em nome de Jesus,

Amém.

64 A voz poderosa

"A VOZ DO SENHOR RESSOA SOBRE AS ÁGUAS;
O DEUS DA GLÓRIA TROVEJA, O SENHOR ESTÁ SOBRE AS MUITAS ÁGUAS. A VOZ DO SENHOR É PODEROSA;
A VOZ DO SENHOR É MAJESTOSA." (SALMOS 29.3-4)

"A voz que deu vida ao mundo, no Éden, também nos dá vida e propósito diariamente."

Alguma vez você já teve a impressão de que estava ouvindo a voz de Deus? Imagine-se às margens de um rio tempestuoso, lutando contra suas correntes furiosas. As águas ameaçam engoli-la e, no clímax de seu cansaço, quando resta nada mais que um fio de esperança, você fecha os olhos e ouve uma voz poderosa declarar: "Não temas, estou ao teu lado. Eu sou o teu refúgio e fortaleza". Considere as vezes em que você se sentiu cercada por circunstâncias avassaladoras, momentos em que tudo parecia desmoronar, e nelas a voz de Deus ressoa, potente como um trovão, dizendo-lhe: "Confie em mim, eu te levantarei e colocarei em um lugar seguro".

Frequentemente, deparamo-nos com montanhas que parecem impossíveis de escalar ou tempestades a ponto de nos engolir, quando cada desafio se impõe como muralhas. No entanto, o poder do Altíssimo sacode as bases do que parece inalcançável e proclama: "Nada é impossível para aqueles que creem". Talvez você esteja lidando com uma doença, um relacionamento complicado ou uma perda devastadora. É nesses momentos sombrios que a voz de Deus se eleva como um fogo purificador, que queima impurezas e reaviva nossa energia.

A verdadeira fé envolve ouvir a voz do Senhor e obedecê-la. Quando as montanhas parecerem inalcançáveis e as ondas a ameaçarem, lembre-se da voz majestosa do seu Criador. Portanto, jamais perca a coragem, pois você está sob a proteção de um Deus cuja voz supera qualquer desafio que possa surgir. Cultive sua fé, nutra sua resiliência e avance, pois Deus está ao seu lado. Atente-se a ouvir a voz divina, permita-se ser guiada por ela e descubra a paz que acompanha a proteção do Senhor.

Conversando com Deus

Amado Deus,

Elevo minha alma em adoração a Ti. Em Tua presença, encontro paz e abrigo, segura sob Teu manto de proteção. Reconheço minhas falhas e peço perdão, confiando em Tua misericórdia infinita. Purifica meu coração e renova em mim um espírito de verdade e amor.

Que Tua voz, poderosa como o trovão e cheia de majestade, ecoe em minha alma, trazendo força e renovação. Que ela me guie, dissipando as sombras e iluminando meu caminho com Tua luz. Que a grandeza de Tua voz me faça sentir Tua presença constante, conferindo-me coragem para enfrentar as adversidades.

Liberta-me das angústias, que Tua voz suave me fortaleça, trazendo esperança e coragem para superar os desafios. Guia-me com Tua luz, dissipando minhas dúvidas e me conduzindo por caminhos de paz.

Declaro que serei guiada por essa voz poderosa e me submeterei à Tua vontade.

Em nome de Jesus,

Amém.

> "É EM MOMENTOS SOMBRIOS QUE A VOZ DE DEUS SE ELEVA COMO UM FOGO PURIFICADOR, QUE QUEIMA IMPUREZAS E REAVIVA NOSSA ENERGIA."

65 A promessa das bem-aventuranças

"BEM-AVENTURADOS SERÃO VOCÊS QUANDO OS ODIAREM, OS EXCLUÍREM DA COMPANHIA DELES, OS INSULTAREM E TRATAREM COM DESPREZO O NOME DE VOCÊS, CONSIDERANDO-O MALIGNO POR CAUSA DO FILHO DO HOMEM." (LUCAS 6.22)

"Bem-aventurado é aquele que mantém a fé na graça e no amor de Deus."

Sempre que se sentir desalentada, recorde as palavras de Jesus: "Bem-aventurados vós, os pobres, porque vosso é o reino de Deus" (Lucas 6.20b, ARA). Pobres aqui não são os que têm carências materiais, mas a nobreza do reconhecimento que, sem Jesus, não temos nada. Neste devocional, vamos nos encontrar com algumas das bem-aventuranças.

Na vida, nem tudo acontece conforme desejamos. Muitas vezes, enfrentamos tristezas, luto e desespero. Contudo, há uma esperança que nunca se esvai: "Bem-aventurados vós, os que agora tendes fome, porque sereis fartos. Bem-aventurados vós, os que agora chorais, porque haveis de rir" (Lucas 6.21, ARA). O mundo pode não compreender suas escolhas e até torná-la alvo de escárnio por escolher caminhos de integridade e verdade. Mas Jesus nos assegura: "Bem-aventurados sois quando os homens vos odiarem e quando vos expulsarem da sua companhia, vos injuriarem, e rejeitarem o vosso nome como indigno, por causa do Filho do Homem" (Lucas 6.22, ARA). As bem-aventuranças nos lembram que o valor verdadeiro não está na aclamação alheia, mas na obediência a Deus.

Quando as dificuldades parecerem insuperáveis, lembre-se de que a felicidade prometida nas bem-aventuranças não é passageira ou superficial. É um contentamento que brota da certeza de ser amada e guardada, a alegria de uma filha que entende que está agradando seu Pai: "Regozijem-se nesse dia e saltem de alegria, porque grande é a sua recompensa no céu" (Lucas 6.23a). Cada escolha que você faz, cada decisão em nome da verdade e da justiça, é percebida pelo Senhor.

Abra seu coração às dádivas que a aguardam. Caminhe com a certeza de que suas ações, por menores que pareçam, estão entrelaçadas a um desígnio grandioso. A cada passo, uma nova dimensão de amor e bem-aventurança se revela, guiando-a por trilhas de bem. Você é parte de uma narrativa maior, divina, que perdurará para sempre.

> "CAMINHE COM A CERTEZA DE QUE SUAS AÇÕES, POR MENORES QUE PAREÇAM, ESTÃO ENTRELAÇADAS A UM DESÍGNIO GRANDIOSO."

Conversando com Deus

Amado Senhor,

Criador das estrelas, dos mares e montanhas, venho a Ti em reverência. Perdoa meus erros e purifica meu coração.

Tua graça é meu refúgio, e Tua luz, o farol que guia meus passos. Em Tuas promessas encontro conforto e segurança. Concede-me sabedoria e força para enfrentar os desafios, e protege minha paz interior, para que eu seja humilde de espírito e tenha sede de justiça.

Nos momentos de aflição, renova minha fé e enche-me de esperança. Que eu seja bem-aventurada, buscando a pureza de coração, a mansidão e a misericórdia, sempre disposta a perdoar como Tu me perdoas. Que eu, ao chorar, encontre consolo em Teu abraço e, ao buscar a paz, seja um instrumento de reconciliação.

Que eu nunca me desvie de Teus caminhos e que Tua sabedoria ilumine minhas escolhas. Guia-me, fortalece minha confiança e que, em Ti, eu encontre descanso e paz, mesmo nas perseguições, sabendo que a recompensa é grande nos Céus.

Declaro que me tornarei um instrumento de Tua vontade e minha vida dará glória ao nome de Jesus. Minha jornada será marcada por misericórdia, humildade e uma busca incansável da justiça.

Em nome de Jesus,

Amém.

66 O perdão libertador

"ENTÃO, RECONHECI DIANTE DE TI O MEU PECADO E NÃO ENCOBRI A MINHA INIQUIDADE [...]." (SALMOS 32.5)

"O perdão é o presente de Cristo para aqueles que Nele creem."

Todas nós enfrentamos momentos desafiadores que nos levam a refletir profundamente sobre nossos caminhos e convicções. Nessas horas, é essencial lembrar que, por mais que tenhamos nos afastado, a bondade infinita de Deus permanece constante. Ele sempre nos espera de braços abertos, pronto para nos envolver em Seu amor.

O salmo 32 nos traz uma poderosa verdade: "Bem-aventurado aquele cujas transgressões são perdoadas e cujos pecados são cobertos!" (v. 1). Essas palavras revelam a promessa divina de que o arrependimento sincero conduz à paz tão almejada para a nossa alma. O perdão de Deus é um dom gracioso, que restaura nosso coração e nos fortalece para seguir em frente.

A fé desempenha um papel fundamental nessa jornada. Crer na misericórdia do Senhor e na Sua prontidão para perdoar é o primeiro e mais importante passo. Quando nos apropriamos dessa verdade, nossa fé se fortalece e a perseverança se torna um alicerce em nossa caminhada espiritual.

Davi, ao escrever esse salmo, compartilhou sua experiência ao carregar o peso do pecado e da culpa. Ele descreveu a angústia de esconder suas falhas, mas também a paz que encontrou ao confessá-las: "Confessei-te o meu pecado e a minha iniquidade não mais ocultei. Disse: confessarei ao SENHOR as minhas transgressões; e tu perdoaste a iniquidade do meu pecado" (Salmos 32.5, ARA). Essa confissão trouxe alívio e renovação, pois Deus é fiel e justo para perdoar.

O caminho da fé não é isento de desafios, mas a confiança no Senhor nos guia em meio às dificuldades. Deus transforma nossos erros em aprendizados e nos conduz com Sua mão protetora. Como uma semente que cresce aos poucos, nossa fé se desenvolve quando nos entregamos à vontade do Pai. Por isso, lembre-se de que fé, perseverança e perdão estão entrelaçados. Ao confiarmos em Deus e recebermos Seu perdão, também aprendemos a perdoar a nós mesmas e aos outros. Essa atitude nos liberta, promovendo cura e crescimento espiritual.

Que possamos crer no perdão do Pai, permanecer firmes em nossa jornada e ter coragem para perdoar. Assim, encontraremos a paz e a alegria que somente a relação com o Criador pode oferecer.

> "CRER NA MISERICÓRDIA DO SENHOR E NA SUA PRONTIDÃO PARA PERDOAR É O PRIMEIRO E MAIS IMPORTANTE PASSO."

Conversando com Deus

Amado Pai,

Sou grata por Teu perdão e por Tua bondade. Que eu sempre sinta Tua presença e Teu acolhimento.

Em Ti encontro refúgio e paz. Tu és meu abrigo seguro. Olha para mim, Senhor, e sara minhas feridas. Concede-me Tua paz e renova meu espírito com Tua graça.

Reconheço minhas falhas e confesso-as diante de Ti. Perdoa-me, Pai, e purifica-me. Ensina-me a perdoar os que me feriram, libertando meu coração do ressentimento.

Guia-me, Senhor, com Tua mão poderosa. Que Tua sabedoria ilumine meus passos e Tua força me sustente. Que minha fé me fortaleça e renove minha esperança a cada dia. Ajuda-me a lembrar de Tuas promessas e confiar em Tua palavra.

Declaro que serei transformada pelo Teu perdão e também estenderei perdão a outras pessoas. Mesmo nos dias difíceis, sentirei Tua presença me confortando e me dando coragem.

Em nome de Jesus,

Amém.

67 Um amor além da razão

"[...] AMEM OS SEUS INIMIGOS, FAÇAM O BEM AOS QUE OS ODEIAM; BENDIGAM AQUELES QUE OS MALDIZEM, OREM POR AQUELES QUE OS MALTRATAM." (LUCAS 6.27-28)

"O amor de Deus é o único que pode transformar o mundo."

Quantas vezes você já ouviu que o amor é um sentimento? No entanto, a Palavra de Deus nos ensina que o amor é uma decisão. Amar não significa apenas sentir algo bom por alguém, mas escolher agir com bondade, mesmo quando não há razão aparente para isso.

Jesus nos convida a um amor que vai além do natural. Em Lucas 6.27-36, Ele nos desafia a amar não apenas os que nos amam, mas também aqueles que nos ferem. Difícil? Sim. Mas é nesse amor sacrificial que encontramos a verdadeira essência do cristianismo. Amar é decidir perdoar, é agir com misericórdia, é olhar para o outro com os olhos de Cristo.

Pense em alguém que já a magoou profundamente. O que Deus espera de você nessa situação? Guardar ressentimento ou escolher amar e perdoar? O amor não é sobre merecimento, mas sobre graça. Quando você decide amar como Jesus, sua vida é transformada. Sua perspectiva muda, e você se torna canal da paz que vem de Deus. Amar é um ato de obediência, e toda obediência gera frutos.

Agora, um desafio: que atitude você pode tomar hoje para demonstrar esse amor em sua vida? Talvez seja enviar uma mensagem de carinho a quem você tem evitado, orar por alguém que a machucou ou simplesmente decidir não revidar um gesto de indiferença.

Escolha amar. Escolha viver o amor que transforma, que cura e reflete a glória de Deus. Essa é a decisão que honra o legado de Jesus e tem o poder de mudar sua vida e o mundo ao seu redor.

Conversando com Deus

Amado Deus,

Fonte de amor e misericórdia, venho a Ti com humildade, reconhecendo que amar é uma decisão. Ensina-me a refletir Teu amor, mesmo quando for difícil.

Perdoa minhas falhas e purifica meu coração, para que eu seja instrumento da Tua graça. Dá-me força para amar além das circunstâncias e sabedoria para escolher o perdão ao ressentimento.

Guia meus passos, afastando-me das sombras que tentam enfraquecer minha fé. Que minhas atitudes revelem Teu amor e tragam esperança aos que me cercam. Agradeço por Tua presença constante. Que minha vida seja um testemunho vivo da Tua graça e bondade.

Declaro que, a cada dia, eu me sentirei mais amada pelo Senhor, consciente do que Cristo fez por mim na Cruz, e manifestarei esse amor celestial por onde for. Serei um instrumento de amor neste mundo.

Em nome de Jesus,

Amém.

"ESCOLHA VIVER O AMOR QUE TRANSFORMA, QUE CURA E REFLETE A GLÓRIA DE DEUS."

68 Um confronto silencioso

"SEJAM HUMILHADOS E DESPREZADOS OS QUE PROCURAM MATAR-ME; RETROCEDAM FRUSTRADOS OS QUE TRAMAM A MINHA RUÍNA." (SALMOS 35.4)

"Frente a afrontas, devemos lembrar-nos de manter a paz se possível, mas a verdade a qualquer custo."

A fé é o nosso escudo nos confrontos da vida. Davi, ao escrever esse salmo, expressava sua angústia diante de inimigos que tramavam contra ele sem motivo. Ele não confiava em sua própria força, mas entregava sua causa ao Senhor, sabendo que a justiça divina prevaleceria. Assim como Davi, também enfrentamos momentos em que a oposição parece injusta e avassaladora. Mas Deus permanece como nosso juiz fiel.

Diante de adversários, desafios e injustiças, é fácil se perguntar: por que aqueles que tramam o mal parecem prosperar? Jó fez essa pergunta, Habacuque também. Mas a resposta sempre nos direciona à soberania de Deus. Ele vê além do que enxergamos e age no momento certo. O tempo é um narrador fiel, e a verdade sempre se revela, ainda que pareça oculta nas sombras.

Cada obstáculo, cada afronta e cada injustiça são provas que moldam nosso caráter. José, vendido por seus próprios irmãos, poderia ter sido consumido pelo desejo de vingança. No entanto, ele confiou em Deus, e o Senhor o exaltou no tempo certo. Assim também devemos agir: não é nossa tarefa buscar retribuição, mas sim confiar que Deus cuida de todas as coisas. Aqueles que tramam contra nós não desafiam apenas nossa integridade, mas a própria justiça divina. E essa justiça prevalecerá.

O verdadeiro triunfo não está na queda dos opositores, mas no fortalecimento da nossa fé e na nossa capacidade de seguir em paz. Jesus, mesmo sendo injustamente acusado e condenado, não revidou. Em vez disso, entregou tudo ao Pai e nos ensinou que a verdadeira vitória está na fidelidade a Deus, não na vingança. O desejo de retribuição apenas nos prende ao ciclo de dor. Em vez disso, oramos para que aqueles que nos prejudicam encontrem a luz e reconheçam seus erros.

As provações que enfrentamos são oportunidades para crescermos, para reafirmarmos nossa confiança no Senhor e para testemunharmos Seu agir em nossa vida. Portanto, alimente sua fé, permaneça firme e siga adiante. Deus é o nosso refúgio, e Sua justiça sempre triunfará.

> "O VERDADEIRO TRIUNFO NÃO ESTÁ NA QUEDA DOS OPOSITORES, MAS NO FORTALECIMENTO DA NOSSA FÉ."

Conversando com Deus

Amado Pai,

Em cada amanhecer, sinto Tua mão guiando meus passos e fortalecendo-me para enfrentar os desafios do dia.

Peço-Te perdão pelas minhas falhas e fragilidades, pelas vezes em que permiti que o medo e a dúvida enfraquecessem minha fé. Reaviva-me com Teu amor, ensina-me a ser paciente e misericordiosa como Tu és comigo. Que eu possa refletir Tua graça em minhas ações e palavras.

Protege-me daqueles que conspiram contra mim. Que a justiça prevaleça e eu encontre serenidade na Tua luz. Dá-me força para manter minha dignidade e resistir ao desejo de vingança, espelhando Teu amor e perdão. Ensina-me a perdoar como Tu me perdoas, mesmo quando for difícil.

Guia-me pelos caminhos da retidão e da verdade. Que minha fé em Ti seja minha bússola. Nos momentos de incerteza, que eu encontre sabedoria em Tuas palavras e conforto em Tuas promessas. Nos momentos de alegria, que eu celebre Tua bondade e compartilhe Tua luz. Sou grata por Tuas bênçãos, pelas lições e pelo crescimento espiritual que cada dia me proporcionas.

Declaro que serei pacificadora e, ao mesmo tempo, defensora da verdade. Crescerei conforme a imagem de Cristo.

Em nome de Jesus,

Amém.

69 A restauração da esperança

"[...] EU LHES DIGO QUE NEM MESMO EM ISRAEL ENCONTREI TAMANHA FÉ." (LUCAS 7.9)

"Jesus vê a dor e se importa, enxuga as lágrimas e renova o coração."

Você já enfrentou situações em que sua tristeza parecia não ter fim? Às vezes, a dor é tão intensa que acabamos nos sentindo perdidas. Contudo, é fundamental nos lembrarmos de uma verdade: Jesus sempre nos vê. Ele conhece cada lágrima que derramamos, cada suspiro preso na garganta e coração partido. Em Lucas 7.11-17, encontramos uma das histórias mais emocionantes do Novo Testamento. A cena acontece em Naim, onde Jesus, acompanhado de Seus discípulos e de uma multidão, depara-se com um funeral. Uma mãe, tomada por profunda tristeza, lamenta a morte de seu único filho. Para muitos, aquilo parecia o fim, mas, para Jesus, era a oportunidade de mostrar que Seu amor não tem limites.

Ao ver o sofrimento daquela mãe, Jesus se encheu de compaixão. Não foi apenas um olhar apressado, mas uma conexão profunda, Ele viu a dor dela. O que aconteceu a seguir foi impressionante, quando Jesus declarou: "Jovem, eu te digo, levanta-te!" (Lucas 7.14b, ARC), e o filho da viúva foi trazido de volta à vida. A lição que tiramos dessa história vai além do milagre da ressurreição;

ela reafirma a preocupação sincera de Jesus com nossas lutas e Sua compaixão com nossas dores. Não se trata de um "se", mas de "quando" Ele virá nos consolar e renovar.

Assim como a vida foi restaurada para aquele filho, Jesus tem o poder de reavivar nossa esperança e reacender a chama da fé em nosso coração. O mundo pode nos desafiar, tentando sufocar nossa alma com desesperança e desespero, mas, mesmo nos momentos mais difíceis, Jesus é a nossa luz. Ele venceu a morte e nos prometeu que, através Dele, também seríamos vencedoras.

Portanto, quando sentir sua esperança fraquejar, lembre-se da viúva de Naim. Recorde a misericórdia de Jesus e Sua habilidade de trazer vida onde há morte. Lembre-se da compaixão de Jesus e de como Ele pode infundir esperança onde impera desolação. Afinal, sua história não é escrita pelo que você perde, mas pelo que Jesus é capaz de restaurar. Ele está a seu lado, pronto para enxugar suas lágrimas, compartilhar sua dor e transformar seu sofrimento em alegria. Jesus não apenas nos observa, mas Se envolve ativamente em nossas lutas, disposto a transformar cada lágrima em um testemunho de Sua graça infinita.

"JESUS TEM O PODER DE REAVIVAR NOSSA ESPERANÇA E REACENDER A CHAMA DA FÉ EM NOSSO CORAÇÃO."

Conversando com Deus

Amado Senhor,

Venho a Ti, humilde e arrependida, buscando Teu perdão por todos os meus erros. Assim como fizeste com a viúva de Naim, peço que reavives minha esperança e transformes minha dor em alegria. Afasta de mim os tormentos que estão sobre minha alma e as tempestades que tentam afogar minha esperança.

Concede-me a dádiva de sentir Tua presença em cada momento de aflição, lembrando-me de que nunca estou sozinha. Creio que sempre sou amparada por Teu amor. Em Cristo, aprendo a seguir Teus ensinamentos com o coração puro e a mente aberta, buscando sempre refletir o caráter do Mestre.

Agradeço por Tua misericórdia e redenção, oferecendo-Te minha devoção sincera e um coração contrito. Nas Tuas mãos, entrego minhas preocupações e esperanças.

Declaro que, a cada dia, desfrutarei da Tua doce presença e Tua poderosa mão tocará meu coração, fazendo em mim uma obra preciosa, como fizeste com a fé da viúva de Naim e com o menino que estava morto. Diariamente, receberei a vida abundante de Cristo.

Em nome de Jesus,

Amém.

70 Os cânticos da esperança

"PÔS UM NOVO CÂNTICO NA MINHA BOCA, UM HINO DE LOUVOR AO NOSSO DEUS. MUITOS VERÃO ISSO, TEMERÃO E CONFIARÃO NO SENHOR." (SALMOS 40.3)

"O louvor nos fortalece e renova nossa fé. Quando faltarem palavras em suas orações, louve! Expresse seu coração em adoração!"

Quando enfrentamos tempos difíceis, é fácil nos sentirmos sobrecarregadas pelo desânimo e pela incerteza. No entanto, há uma força poderosa sempre ao nosso alcance, muitas vezes esquecida: o louvor. O salmo 40 nos lembra do poder transformador da fé e da adoração sincera. Davi clama ao Senhor e testemunha como Deus inclinou Seus ouvidos, tirando-o de um poço de destruição e firmando seus pés sobre a rocha. Esse salmo revela que, mesmo na espera, Deus age em favor daqueles que confiam Nele.

Louvar não é apenas exaltar a grandeza do Criador, mas também fortalecer a confiança em Seu amor e proteção. Perseverar vai além de simplesmente insistir; é manter a fé, mesmo quando o caminho parece árduo. Você já notou como uma canção, uma melodia ou até mesmo uma palavra de um hino pode trazer refrigério à alma? Esse é o poder do louvor em ação. Quando você adora, seus medos perdem força e seus olhos se voltam para a solução divina.

A adoração nos conecta ao Criador, elevando nossa visão e renovando nossa esperança. Em Salmos 40.3, Davi declara: "Pôs um novo cântico na minha boca, um hino de louvor ao nosso Deus". Isso nos ensina que o louvor transforma nossa realidade e nos dá uma nova perspectiva. Ele alivia seus fardos, diminui os obstáculos e fortalece seu espírito. O louvor é mais do que uma simples manifestação; é um escudo que protege contra os desafios da vida.

Adorar não é apenas agradecer pelo que você já recebeu, mas também declarar confiança naquilo que ainda está por vir. É a certeza de que há um propósito maior em andamento e que você faz parte dessa história. Portanto, em momentos de incerteza, que sua reação natural seja elevar um louvor em vez de perguntar "Por quê?". O que realmente importa não são os desafios que você enfrenta, mas a coragem, em Cristo, com que os encara. Se tiver o louvor em seu coração e a fé firmada na alma, nenhum obstáculo será intransponível.

Que a fé floresça dentro de você, que o louvor ressoe em seu coração e que a determinação a conduza a cada nova conquista. Levante-se com coragem, louvando e confiando, pois há um propósito divino guiando seus passos.

Conversando com Deus

Pai amado,

Exaltado seja o Teu nome! Louvo-Te pela Tua infinita bondade e graça. Hoje, que minha oração seja uma adoração ao nome de Cristo. Fonte inabalável de amor e misericórdia, coloco-me diante da Tua santidade e busco Tua presença como um abrigo seguro em meio às tempestades.

Peço pela manifestação da Tua misericórdia sobre todas as falhas e erros que cometi. Lava-me com Tua graça purificadora e renova meu espírito, para que eu Te sirva com um coração íntegro. Ensina-me a andar pelos caminhos da justiça, afastando-me de dúvidas e medos que podem perturbar minha mente.

Que minha vida seja um hino de louvor a Ti e que minha adoração seja genuína e constante. Fortalece minha fé para que ela fique firme diante das adversidades, como uma âncora segura em Tua verdade imutável.

Declaro que serei uma adoradora em espírito e em verdade. Em meus lábios, haverá palavras temperadas com sal, e minha língua será uma árvore de vida.

Em nome de Jesus,

Amém.

71 O semeador de palavras

"OUTRA, AINDA, CAIU EM BOA TERRA. CRESCEU E DEU BOA COLHEITA, DE MODO QUE PRODUZIU CEM VEZES MAIS [...]." (LUCAS 8.8)

"A Palavra semeada produz frutos a serem colhidos por aqueles que têm fome."

Em Lucas 8, encontramos a parábola do semeador. Jesus nos ensina que a Palavra de Deus é como uma semente. Se a acolhemos, criamos um espaço fértil para que ela cresça e produza frutos abundantes. Contudo, essa parábola também nos alerta que nem todos os corações estão dispostos para receber a semente, que é a mensagem do Evangelho. O verdadeiro desafio é cultivar o solo do nosso coração, removendo as pedras do medo, os espinhos das distrações e as barreiras do ceticismo.

Quando permitimos que a Palavra de Deus floresça em nosso interior, isto é, quando permitimos que ela nos transforme, experimentamos o poder do Evangelho. Isso não significa que não enfrentaremos aflições, mas que Deus nos dará forças para enfrentá-las com integridade. Ademais, quando a Palavra cria raízes dentro de nós e começa a crescer, ela inevitavelmente se tornará visível através dos frutos. Começamos a dar frutos e a lançar as sementes do Evangelho na terra de outros corações também.

Nunca subestime o poder de compartilhar a Palavra de Deus. Mesmo que pareça pequena ou insignificante no começo, o potencial de crescimento e transformação é imenso. Ao semear com fé e dedicação, você embarca em uma missão grandiosa, contribuindo para um mundo mais amoroso — mais pessoas redimidas pelo Evangelho. Cuide do jardim do seu coração. Crie um espaço onde a Palavra de Deus encontre solo fértil, e esteja sempre disposta a compartilhá-la. Assim, você não apenas fortalecerá sua própria fé, mas também iluminará o caminho de outros que também buscam esperança.

O verdadeiro valor não está apenas em receber, mas em semear com amor e generosidade. Que cada palavra acolhida, cada ato de bondade e cada gesto de compaixão sejam sementes plantadas em solo fértil, aptas a gerar frutos abundantes e nutrir a alma daqueles ao redor.

Conversando com Deus

Amado Deus,

Acolho Tua palavra como semente em meu coração. Que ela crie raízes profundas, transformando-me e frutificando em fé, amor e obediência à Tua vontade.

Purifica minha alma, guia meus passos e fortalece-me contra as tentações, para que nada me afaste da Tua presença. Que minha vida reflita Tua graça, sendo testemunha do Teu amor e luz neste mundo. Faze-me instrumento da Tua paz e esperança, levando consolo aos que sofrem e alegria aos que Te buscam. Que minhas palavras e ações semeiem a verdade do Evangelho, produzindo frutos que glorifiquem Teu nome.

Em Ti confio plenamente, Senhor, pois Tu és minha rocha e salvação. Agradeço por Tua fidelidade e amor sem fim.

Declaro que a semente do Evangelho dará frutos em abundância em meu coração. Serei também uma semeadora e pregadora fiel da mensagem de Cristo.

Em nome de Jesus,

Amém.

"QUANDO PERMITIMOS QUE A PALAVRA DE DEUS FLORESÇA EM NOSSO INTERIOR, EXPERIMENTAMOS O PODER DO EVANGELHO."

72 Além da vaidade humana

"NÃO FIQUE RECEOSO QUANDO ALGUÉM SE ENRIQUECE E AUMENTA O LUXO DA SUA CASA, POIS NADA LEVARÁ CONSIGO QUANDO MORRER; NÃO DESCERÁ COM ELE O SEU ESPLENDOR."

(SALMOS 49.16-17)

"É no coração humilde que brilha a verdadeira glória."

Neste vasto mundo, é fácil nos perdermos nas aparências e nos brilhos efêmeros da vida. Somos frequentemente incentivadas a medir o nosso valor por aquilo que possuímos, pelo reconhecimento que recebemos ou pelas conquistas externas. Mas o salmo 49 nos ensina uma grande verdade: tudo isso é temporário. A verdadeira riqueza não está no que acumulamos, mas em quem somos em Cristo, e isso é muito mais profundo do que os olhos podem ver.

Muitas vezes, o mundo nos pressiona a buscar aprovação através da vaidade, do status e da imagem. Porém, o Senhor nos chama para um caminho de humildade. Ele nos lembra que nossa verdadeira glória está na nossa essência, em nosso coração, e no nosso relacionamento com Ele. Em vez de nos apegarmos ao que é passageiro, Ele nos convida a investir no que é eterno.

Encontramos nas Escrituras a afirmação de que "o orgulho vem antes da destruição; o espírito altivo, antes da queda" (Provérbios 16.18). O Senhor nos alerta sobre o perigo de nos deixarmos levar pela arrogância e pela vaidade. Quando vivemos de maneira orgulhosa, distanciamo-nos do que realmente importa. A humildade, por outro lado, aproxima-nos de Deus e nos permite viver uma vida cheia de propósito e paz.

A humildade é a chave que nos conecta ao propósito divino. Ao deixarmos de lado a necessidade de validação externa e nos entregarmos ao cuidado do Criador, encontramos paz e segurança que o mundo não pode oferecer. Quando nos aproximamos de Deus com um coração humilde, Ele nos eleva de uma maneira que nada nem ninguém pode fazer.

Não precisamos ser reconhecidas ou aplaudidas pelas multidões para termos valor. Nossa vida tem um propósito que vai muito além daquilo que o mundo vê. Somos únicas e insubstituíveis aos olhos de Deus, e é isso que realmente importa. Ao nos despirmos da vaidade, nossa verdadeira beleza — aquela que brilha de dentro para fora — se revela.

Lembre-se de que nossa verdadeira riqueza é encontrada em Deus. Ele nos chama para viver com humildade, autenticidade e amor. Que, ao olhar para sua vida, você possa perceber que a paz e a verdadeira realização vêm de um coração humilde e entregue ao Senhor.

Conversando com Deus

Amado Deus,

Tu és a fonte de toda beleza e grandeza que podemos contemplar neste mundo. Reconheço Tua presença em cada detalhe da Criação, em cada momento que me rodeia, e louvo Teu nome por tudo o que criaste com tanto amor e perfeição. Agradeço pela Tua proteção constante e pelo amor que me envolve, não importa onde eu esteja.

Venho diante de Ti, ciente da minha fragilidade e das muitas distrações às quais tento dar atenção, mas que frequentemente me afastam de Tua verdade. Perdoa-me, Senhor, por todas as vezes que busquei valor nas aparências e me deixei enganar pelas ilusões do mundo, afastando-me da luz verdadeira que só encontro em Ti. Peço, com humildade, que me libertes de todas as tentações que obscurecem o caminho que preparaste para mim.

Concede-me a força da Tua graça para resistir às seduções deste mundo que tentam me desviar de Ti. Que minha vida seja um reflexo do Teu amor incondicional, e que, a cada passo, eu seja autêntica, com compaixão e humildade. Guia-me pelo caminho da fé e da verdadeira humildade, para que, ao me encontrar Contigo, eu possa crescer no autoconhecimento e discernir o propósito maravilhoso que tens para minha vida.

Ajuda-me a encontrar paz em Teu amor eterno, e a alinhar cada aspecto da minha vida à Tua vontade. Que minha jornada seja iluminada pela Tua sabedoria, e que eu, com o Teu auxílio, possa ser um instrumento de Tua paz e amor neste mundo, refletindo sempre a verdadeira riqueza que é viver em humildade diante de Ti.

Declaro que terei em mim o mesmo sentimento que houve também em Cristo, o desejo de deixar outras glórias e servir na obra de Deus.

Em nome de Jesus,

Amém.

"QUANDO NOS APROXIMAMOS DE DEUS COM UM CORAÇÃO HUMILDE, ELE NOS ELEVA DE UMA MANEIRA QUE NADA NEM NINGUÉM PODE FAZER."

73 Uma presença radiante

"NINGUÉM ACENDE UMA LÂMPADA E A ESCONDE EM UM JARRO OU A COLOCA DEBAIXO DE UMA CAMA [...]." (LUCAS 8.16)

"Fomos chamadas para resplandecer a luz de Jesus, assim como a Lua reflete o brilho do Sol."

Fomos chamadas para sermos luz neste mundo, não para esconder nossa chama, mas para deixá-la brilhar com todo o seu esplendor. O Senhor nos criou com um propósito divino: iluminar os caminhos daqueles que andam em meio às sombras. Não somos chamadas para viver na escuridão do medo, da dúvida ou do desânimo. A nossa luz foi acesa para brilhar.

Em várias situações, as dificuldades podem tentar abafar nosso brilho. No entanto, é justamente nesses momentos que o nosso propósito se torna mais claro: brilhar com mais intensidade. A escuridão, em sua essência, é a ausência de luz, e até a menor chama tem o poder de dissipar as sombras mais densas. Como filhas de Deus, temos dentro de nós uma chama que pode transformar qualquer ambiente, iluminando o caminho daqueles que, assim como nós, também necessitam da luz da verdade.

A cada ato de bondade, palavra de encorajamento e gesto de amor, a luz de Jesus é irradiada, tocando e transformando vidas, como uma centelha que se espalha e ilumina o mundo ao nosso redor. Lembre-se, não importa o tamanho da sua luz: ela tem o poder de transformar, de acender outras chamas e de trazer esperança aos corações aflitos.

Quando decidimos nos posicionar como faróis neste mundo, nossa missão vai além de iluminar o próprio caminho. Ao deixar que a luz de Cristo brilhe em nós, ajudamos outras a encontrar o seu próprio caminho. Somos como a cidade sobre o monte, que não pode ser escondida, e como a candeia que ilumina a casa inteira (cf. Mateus 5.14-16). Em momentos de dor e dificuldade, muitas vezes somos o brilho que guia alguém perdido, ou o calor que conforta quem está frio e distante.

Nada em nossa vida está oculto aos olhos de Deus. Ele vê o que fazemos, o que sentimos e o que pensamos e, com Sua luz, tudo o que está escondido será revelado. As suas ações, por mais simples que sejam, fazem a diferença no Reino de Deus. A sua luz brilha e, mesmo que você nem perceba, ela ilumina a vida daqueles ao seu redor. Lembre-se: em Cristo, nada é em vão. Sua luz jamais será ignorada. Quando você manifesta o caráter de Jesus, você inspira outros a fazerem o mesmo.

Portanto, deixe a luz que brilha dentro de você, pela graça de Deus, tocar vidas, curar feridas e revelar a beleza do amor de Cristo. O mundo precisa dessa luz. Resplandeça, querida amiga!

Conversando com Deus

Amado Deus,

Venho diante de Ti com gratidão, reconhecendo o Teu amor que me chama a brilhar neste mundo. Tu és a minha luz, e fui criada para refleti-la em tudo o que fizer.

Ajuda-me a não esconder a luz de Jesus, mas a deixá-la brilhar, iluminando o caminho daqueles que estão nas sombras. Nos momentos de medo e incerteza, fortalece minha fé para que eu não apague a chama que Tu acendeste em meu coração.

Que cada palavra, gesto e ação minha seja um reflexo do Teu amor e da Tua verdade, trazendo esperança e transformação aos que me cercam. Que minha vida seja um farol, guiando os outros para mais perto de Ti.

Ensina-me a ser firme, mesmo nas dificuldades, dando-me a confiança de que a Tua luz dentro de mim é mais poderosa que qualquer escuridão. Não quero escondê-la, mas usá-la para fazer a diferença e trazer consolo e verdade ao mundo.

Declaro que, a cada dia, resplandecerei Tua luz e Teu amor a todos ao meu redor.

Em nome de Jesus,

Amém.

74 A importância da confissão

"CRIA EM MIM UM CORAÇÃO PURO, Ó DEUS, E RENOVA DENTRO DE MIM UM ESPÍRITO ESTÁVEL." (SALMOS 51.10)

"Confessar erros é o primeiro passo para a redenção."

Em momentos de reflexão profunda, voltamos o nosso olhar para as antigas Escrituras, onde o salmo 51 se revela como um manancial de sabedoria, guiando-nos a entender a essência da confissão e do verdadeiro arrependimento. Com suas palavras simples, porém carregadas de sinceridade, esse salmo abre uma janela para o íntimo da alma humana, que clama por redenção e renovação.

Ao longo da vida, é inevitável que enfrentemos desafios que testam nossa fé e resiliência. Em certos momentos, pode parecer que os erros cometidos são intransponíveis, e suas consequências, esmagadoras. No entanto, é importante entender que a confissão sincera, vinda do fundo da alma, possui o poder de desencadear uma transformação genuína. A confissão vai além do simples reconhecimento de nossas falhas; ela nos ajuda a enxergar nossos erros como degraus que nos conduzem ao aprendizado.

O verdadeiro arrependimento não é apenas um sentimento de remorso. Ele representa uma mudança radical de direção, uma revolução interna que nos impulsiona a deixar para trás as sombras do passado e buscar um novo amanhecer de purificação. Quando nos arrependemos de coração, estamos expressando o desejo de um futuro mais radiante, prontas para tomarmos as atitudes necessárias para torná-lo realidade. Isso é muito notório na diferença entre Pedro e Judas, ambos discípulos de Jesus, que traíram seu Mestre. Pedro se arrependeu e voltou a Cristo, mas Judas teve apenas um remorso e, então, se matou.

Cada ato de confissão é uma oportunidade de recomeçar e nos moldar novamente. Como mulheres cheias do Espírito Santo e dotadas de reflexão e mudança, podemos ser transformadas. Enquanto o mundo exterior é turbulento e desafiador, nosso interior pode ser um templo útil para o Senhor.

Portanto, lembre-se sempre: a partir da fé, confissão e arrependimento, podemos viver repletas de propósito, significado e alegria duradoura. Confie na incrível capacitação que Deus lhe dá de crescer, evoluir e ser transformada. E nunca se esqueça de que, a cada amanhecer, surge uma nova oportunidade para a superação.

> "O VERDADEIRO ARREPENDIMENTO NÃO É APENAS UM SENTIMENTO DE REMORSO."

Conversando com Deus

Amado Senhor,

Louvo-Te pelo Teu amor e misericórdia infinitos. Refugio-me sob Tua proteção, buscando abrigo em Tuas asas, onde encontro descanso e segurança.

Venho diante de Ti, confessando minhas falhas e reconhecendo minha necessidade constante de transformação. Olha com compaixão para mim, que busco arrependimento e renovação. Guia-me para uma verdadeira mudança, onde minha alma seja purificada e meu coração renovado.

Livra-me das tentações que me cercam e das sombras do passado que me aprisionam. Dá-me força para superar minhas fraquezas e caminhar com fé renovada. Que a confissão e o arrependimento tragam cura e restauração à minha alma, abrindo portas para um futuro de luz e esperança. Fortalece minha fé, para que eu possa permanecer firme em Ti, vivendo a vida que preparaste para mim.

Declaro que sempre terei um coração ensinável e quebrantado para renunciar pecados e arrepender-me. Serei transformada de glória em glória, arrependimento em arrependimento.

Em nome de Jesus,

Amém.

75 A porta estreita: uma escolha séria

"[...] PORQUE EU DIGO A VOCÊS QUE MUITOS TENTARÃO ENTRAR E NÃO CONSEGUIRÃO." (LUCAS 13.24)

"Compromisso com Deus não é moda, é decisão que muda tudo."

A vida, minha irmã, é feita de escolhas. Todo dia nos deparamos com caminhos e precisamos decidir por onde andar. Mas já parou para pensar no que realmente tem valor? Neste mundo barulhento e cheio de promessas vazias, é fácil se distrair e perder o foco daquilo que realmente importa.

Jesus falou sobre uma porta estreita, que é a única que conduz o ser humano ao que, de fato, tem valor: a vida eterna em Cristo. Não é todo mundo que vai conseguir passar por ela. Você não precisa se assustar com essa afirmação, mas deve, sim, abrir os olhos. A vida com Deus não é teoria, mas prática, postura e entrega diária. A sociedade vive tentando nos convencer de que felicidade é ter mais — mais beleza, mais dinheiro, mais seguidores, mais aplausos. Mas a Palavra de Deus é clara: a verdadeira alegria nasce de um relacionamento sincero com o Pai.

Você deseja viver comprometida com Deus? Primeiro, reconheça: sozinha, você não dá conta. Nenhuma de nós dá. Precisamos da graça divina, da força divina, do amor divino. Portanto, que você se lance nos braços do Senhor com o coração completo. Invista nesse relacionamento. Não existe intimidade que não requeira tempo, conversa e busca intencional. Leia a Palavra, ore com sinceridade, caminhe com outras mulheres de fé. Essas atitudes a fortalecem e levantam.

Além disso, viva o que Jesus ensinou. Ele não nos deixou apenas palavras bonitas; Ele nos mostrou com atitudes o caminho do amor, da justiça e da verdade. Siga o exemplo Dele com coragem. Quando seu coração estiver cheio dessa fé viva, não deixe de compartilhá-la. Fale sobre o que Deus tem feito em sua história — seu testemunho pode ser a chave que abre a porta para outra alma sedenta. Seja luz. Seja ponte.

A porta estreita nos lembra de que o compromisso com Deus não é um "checklist religioso". É uma caminhada. Todo dia temos uma chance nova de escolher a porta certa, de nos aproximarmos Dele. Se você ainda não fez essa escolha, não pense que é tarde demais. Deus está aí, de braços abertos para você. Ele quer acolher, restaurar e transformar seu coração. Deixe-se amar por Aquele que nunca falha. A vida com Ele é forte, é leve, é cheia de propósito.

> "A VIDA COM DEUS NÃO É TEORIA, MAS PRÁTICA, POSTURA E ENTREGA DIÁRIA."

Conversando com Deus

Amado Deus,

Coloco-me diante de Ti com toda a minha alma. Tu és meu refúgio seguro, minha força nos dias bons e ruins. Perdoa minhas falhas, limpa meu coração e preenche-me com Teu amor.

Dá-me sabedoria pra escolher o Teu caminho mesmo quando tudo ao redor tentar me distrair. Fortalece minha fé, lembrando-me de que, sem Ti, eu não sou nada. Quando a luta apertar, segura-me firmemente. Faz-me lembrar que Tu estás comigo.

Renova minha mente, transforma meu espírito. Ensina-me a andar como Jesus andou: com verdade, amor e coragem. Quero ser um reflexo Teu, em tudo o que eu disser e fizer. Portanto, guarda-me das armadilhas que tentam me afastar de Ti. Protege minha alma das vozes que me confundem. Firma meus passos na Tua Palavra.

Obrigada, Pai, por estares sempre perto, mesmo quando me sinto longe. Declaro que, como uma discípula fiel, passarei pela porta estreita e seguirei neste caminho estreito, até encontrar-me Contigo na vida eterna.

Em nome de Jesus,

Amém.

76 A mão protetora

"QUE DEUS SE LEVANTE! SEJAM ESPALHADOS OS SEUS INIMIGOS; FUJAM DE DIANTE DELE OS SEUS ADVERSÁRIOS." (SALMOS 68.1)

"Sob a mão divina, sabemos que somos mais do que vencedoras."

Ao acordar com o brilho da luz do alvorecer, lembre-se de uma verdade que é mais forte do que qualquer sombra: você nunca está sozinha. Mesmo nos momentos de escuridão e incerteza, quando as dúvidas e os medos parecem tomar conta de sua mente, saiba que há uma presença majestosa ao seu lado, guiando e sustentando você.

O salmo 68 nos lembra que "Deus está entre as suas santas moradas" (cf v. 5), e Ele é o defensor dos órfãos e das viúvas, o que nos revela que não há ninguém que precise temer o abandono. Quando os desafios da vida surgem, com passos que parecem pesar mais que o normal, saiba que a força não vem apenas de sua tenacidade humana, mas do poder imensurável de Deus que habita em você. O Criador, que ordenou às montanhas que se movessem e aos mares que se partissem, está com você. Ele não apenas observa suas batalhas, mas age em favor delas, como é dito no versículo 1: "Levanta-se Deus; dispersam-se os seus inimigos" (ARA).

Quando o peso da luta parecer insuportável, e você se sentir tentada a enfrentar sozinha os desafios, lembre-se de que a mão de Deus é poderosa para dispersar seus adversários, como se dissipa a fumaça (cf. Salmos 68.2). As batalhas já estão decididas no Senhor. O que Ele pede de você é fé, confiança e perseverança. Ele é o Senhor dos Exércitos, aquele que comanda os céus e a terra.

A fé que você possui não é uma simples esperança de que tudo se resolverá, mas uma confiança firme de que Deus tem um propósito em cada momento. O salmo 68 celebra a fidelidade do Senhor ao longo da história, lembrando-nos de que Ele é o Deus que leva o Seu povo em vitória, "marchando à frente" como um líder que jamais falha. Cada desafio, por mais doloroso que seja, tem um propósito divino para moldar seu caráter, fortalecer sua fé e prepará-la para as bênçãos futuras.

Quando suas forças se esgotarem e o cansaço a fizer duvidar, olhe ao seu redor e veja as evidências da providência divina em sua vida. Salmos 68.19 nos lembra: "Bendito seja o Senhor, que dia após dia, carrega os nossos fardos". Portanto, ao se deparar com obstáculos e adversidades, não permita que eles ofusquem sua visão da grandeza de Deus. O que Ele pede de você é confiança, gratidão e um coração disposto a segui-lo. Ao fazer isso, você perceberá que os gigantes que antes pareciam invencíveis se tornam sombras dissipadas pela luz da Sua presença. Lembre-se: é o Senhor dos Exércitos, o Rei dos reis, que guia seus passos.

Conversando com Deus

Amado Pai,

Tu és o Criador que habita nas alturas e fazes a terra tremer. Tu és o Deus que guia os exércitos celestiais, movendo montanhas e fazendo os mares se abrirem.

Em minha fragilidade, reconheço que necessito constantemente da Tua graça e misericórdia. Perdão pelas minhas falhas, pelos pensamentos e ações que se desviam do Teu caminho. Enche-me com o Teu Espírito Santo, para que eu ande em santidade e siga a Tua vontade.

Nas horas de incerteza e aflição, é a Tua mão que me sustenta, assim como Tu, Senhor, és o defensor dos pobres e dos oprimidos. Confio que, mesmo nos vales sombrios, Tu és a minha luz e o meu Guia. Sei que em Ti encontro refúgio e descanso, porque Tu és a minha Rocha e minha salvação.

Fortalece-me para que eu enfrente os desafios com fé inabalável. Dissipa as nuvens de dúvida e medo que tentam obscurecer minha visão. Quero sentir Tua presença constante, como Tu foste com o Teu povo no deserto, protegendo e conduzindo-os em cada passo.

Declaro que serei uma mulher de fé, que caminha sempre sob a Tua mão protetora, ó Senhor.

Em nome de Jesus,

Amém.

77 O toque de redenção

"[...] ALGUÉM CERTAMENTE TOCOU EM MIM, POIS SENTI QUE DE MIM SAIU PODER." (LUCAS 8.46)

"Jesus cura a doença e transforma a morte em vida eterna."

Vamos imaginar um cenário juntas? Imagine-se caminhando pelas ruas poeirentas de uma cidade antiga. O Sol ardente ilumina a cena, enquanto a multidão se aglomera, ansiosa, tentando se aproximar de um homem. Esse homem é Jesus, e percebemos que algo extraordinário está prestes a acontecer. Entre os presentes, está uma mulher que, por doze anos, sofria de um sangramento ininterrupto. Ela carregava o peso de uma aflição que desafiou a habilidade de inumeráveis médicos. A dor física dela era intensa, mas, além dela, havia também o fardo emocional de se sentir rejeitada por muitos. Contudo, naquele momento decisivo, algo dentro dela a convenceu de que Jesus era a chave para a sua cura.

Essa mulher, da qual não conhecemos o nome, poderia ter se sentido pequena e perdida na multidão. Mas a esperança, essa chama que nos impulsiona a seguir em frente mesmo nas situações mais adversas, a fez sair de sua zona de conforto. Ela pensou: "Se eu apenas tocar nas vestes de Jesus, serei curada" (cf. Marcos 5.28). E foi exatamente isso que fez. Ensanguentada, atravessou a multidão, estendeu a mão trêmula e tocou a borda da veste de Jesus.

Sabe o que ocorreu? Ela foi imediatamente curada. E, em vez de ser rejeitada por Jesus, Ele lhe disse: "Filha, sua fé lhe trouxe salvação. Prossiga em paz" (cf. Marcos 5.34). Você consegue imaginar o alívio e a alegria que inundaram o coração dessa mulher? Sua fé no *poder* de Jesus também a levou a conhecer o *amor* de Jesus. Por que essa passagem nos toca tão profundamente hoje? Porque, em algum momento, todas nós enfrentamos desafios que parecem intransponíveis. Talvez não doenças físicas, mas feridas emocionais, barreiras profissionais ou crises de autoestima.

A supremacia de Jesus sobre as doenças e a morte simboliza também Sua capacidade de nos ajudar em qualquer tribulação que enfrentemos. Ele é a Esperança Viva na qual ancoramos nossa vida. Convide-O a entrar em seu coração. Em Jesus, encontramos não apenas alívio para nossas aflições, mas também a certeza de uma vida plena e cheia de bênçãos. Portanto, siga adiante, sustentada pela fé e pela esperança, ciente de que você é amada, cuidada e, acima de tudo, redimida por Aquele que deu Sua vida por nós.

"MAS A ESPERANÇA [...] A FEZ SAIR DE SUA ZONA DE CONFORTO."

Conversando com Deus

Amado Deus,

Inesgotável fonte de bondade e amor, venho diante de Ti com um coração cheio de reverência e gratidão. De Ti sai a virtude celestial que me cura dia a dia.

Perdoa-me por minhas falhas e pelos erros do meu coração. Sou imperfeita e necessito da Tua misericórdia e graça. Purifica minha alma e renova meu espírito.

Nos momentos de fraqueza e dúvida, guia-me com Tua mão poderosa. Protege-me das tentações que me cercam e das trevas que ameaçam me desviar do caminho da justiça. Assim como aquela mulher tocou as Tuas vestes e foi curada, anseio pelo Teu toque restaurador em minha vida também. Fortalece minha fé para que eu possa enfrentar as adversidades com coragem e determinação.

Declaro que, como essa mulher que foi curada, eu também sairei das minhas zonas de conforto, atravessarei a multidão e tocarei em Ti, Senhor. Serei curada, restaurada, e receberei esperança.

Em nome de Jesus,

Amém.

78 Julgamento e justiça

"DESTRUIREI O PODER DE TODOS OS ÍMPIOS, MAS O PODER DOS JUSTOS AUMENTARÁ." (SALMOS 75.10)

"O verdadeiro julgamento pertence a Deus."

Em um mundo frequentemente marcado pela injustiça e pela incerteza, há uma verdade que nos oferece esperança: Deus, o Justo Juiz, governa todas as coisas com sabedoria perfeita e retidão. Ele observa tudo a cada momento e Sua justiça jamais falha. Como nos ensina o salmo 75, "Deus é o Juiz; a um humilha, a outro exalta." (Salmos 75.7, ARA). Ele é soberano sobre tudo e todos, e Sua justiça se manifesta no tempo perfeito.

Quando nos sentimos desorientadas ou injustiçadas, é crucial lembrar que existe um Juiz Supremo, que age com equidade, e que conhece cada detalhe de nossa vida. Não importa como as circunstâncias pareçam ou o que as pessoas digam, Ele é quem define o momento certo para agir. Sua justiça não é como a dos homens, que falham e são parciais; a de Deus é pura, imutável e eterna.

Por vezes, podemos ver os arrogantes prosperando, aqueles que parecem viver sem se preocuparem com a moralidade ou com o bem. Contudo, é importante entender que da justiça de Deus não se escapa. Como está escrito em Salmos 75.10, "Destruirei o poder de todos os ímpios". O Senhor não se impressiona com as exibições de poder humano. Ele sempre agirá no Seu tempo e segundo Sua autoridade. O julgamento não pertence a nós, mas a Ele, que é perfeitamente justo.

A confiança da mulher cristã deve estar na palavra do Senhor. Deus não ignora nossas dores, lutas e aflições. Ele sabe quando o mal precisa ser corrigido e quando a justiça deve prevalecer. Então, mesmo em meio às adversidades, podemos descansar no fato de que Deus está no controle e que, no fim, Ele fará o que é certo. Sigamos o exemplo de Cristo e nos afastemos da busca por validação das coisas terrenas. Nosso valor não vem da aprovação dos outros, mas do que Deus pensa de nós. Ele vê o que está escondido aos olhos humanos e recompensa o que é feito em segredo, com fé e amor.

Quando os desafios da vida parecerem pesados e as dificuldades se acumularem, lembre-se de que você está sendo moldada, assim como o ouro é refinado pelo fogo. O processo pode ser árduo, mas o resultado será uma versão sua muito mais forte e fiel: uma versão mais parecida com Jesus. Por fim, lembre-se sempre: o julgamento de Deus é justo, imutável e cheio de amor. Ele nunca nos abandona, e Sua presença é constante. Portanto, mesmo nas dificuldades, podemos descansar em Sua justiça, confiando que Ele iluminará nosso caminho com Sua graça, sempre.

> "O JULGAMENTO DE DEUS É JUSTO, IMUTÁVEL E CHEIO DE AMOR."

Conversando com Deus

Amado Senhor,

Em Tua presença, sinto-me acolhida e protegida. Venho a Ti reconhecendo minhas fragilidades e erros. Sei que, apesar de minhas falhas, Tua graça está sempre ao meu alcance, pronta para me renovar.

Peço-Te, com o coração contrito, que perdoes meus pecados, aqueles momentos em que me afastei de Teus ensinamentos e busquei meus próprios caminhos. Guia meus passos para que eu permaneça sempre na vereda da justiça. Protege-me das tentações e das armadilhas deste mundo que tentam me desviar de Teus propósitos.

Quando os desafios se apresentarem, dá-me força e coragem para enfrentá-los com confiança em Ti. Ajuda-me a refletir Tua compaixão e misericórdia em minhas ações diárias, como uma filha de Deus, justificada pelo sacrifício de Jesus, para que outros possam ver em mim um reflexo do Teu amor.

Declaro que, como Tua filha, sempre terei fome e sede de justiça. Seguirei Teus passos com fidelidade, a cada dia, e farei Teu nome glorificado.

Em nome de Jesus,

Amém.

79 A autoridade que vem de Cristo

"REUNINDO OS DOZE, JESUS DEU-LHES PODER E AUTORIDADE PARA EXPULSAR TODOS OS DEMÔNIOS E CURAR DOENÇAS." (LUCAS 9.1)

"O poder que Jesus concede aos que creem pode curar os enfermos."

Querida amiga, imagine o poder que habita dentro de você. Não é um poder qualquer, mas um poder dado por Jesus, capaz de transformar, restaurar e curar. Ele não é apenas uma ideia ou uma promessa vaga, mas uma realidade ativa em todos os corações que se entregam à fé genuína em Cristo. E é esse poder, revelado de forma clara em Lucas 9, que vai além do visível e do humano. Ele vem para curar, tanto as enfermidades do corpo quanto as da alma.

No versículo que lemos, vemos Jesus chamando Seus doze apóstolos e lhes dando poder e autoridade para expulsar demônios e curar doenças. Mas o que realmente faz nosso coração arder não é apenas o ato de dar esse poder, mas a visão de Jesus sobre o potencial que enxerga em cada um deles — e, minha amada, Ele vê o mesmo potencial em você. Cristo sabe do que você é capaz quando se entrega a Ele, e sabe que, com a graça divina sobre sua vida, nada será impossível.

Pare e pense nisso por um momento: o poder que Jesus deu aos discípulos não foi uma promessa distante, mas algo que Ele quer que você experimente hoje. Você tem, por meio de Cristo, a capacidade de enfrentar os desafios da vida, não com medo ou insegurança, mas com a confiança de que o mesmo poder que operava nas mãos dos apóstolos está ao seu alcance. Esse poder não foi dado para que você se exalte, mas para que possa tocar vidas com a cura que vem de Jesus. Ele lhe dá autoridade para curar não apenas os corpos, mas também as almas feridas, trazendo esperança onde há desespero, e paz onde há angústia.

Ademais, Jesus não apenas lhe dá poder, mas também a ensina como usá-lo. Lembre-se de como Ele instruiu os discípulos: "Não leveis nada para a jornada, nem bordão, nem alforje, nem pão, nem dinheiro, nem mesmo duas túnicas" (cf. Lucas 9.3). Isso é um convite para que você, mulher de fé, descanse em Sua provisão. Jesus nos chama a confiar plenamente Nele. Não precisamos nos preocupar com as dificuldades ou as necessidades; Ele vai prover.

Agora, o que fazer quando encontramos resistência? Quando o mundo ou as pessoas não aceitam a nossa mensagem ou nossa ajuda? Jesus já nos deu a resposta: "E qualquer cidade que não vos receber, ao sair dela, sacudi o pó dos vossos pés como testemunho contra eles" (cf. Lucas 9.5). Não se preocupe com rejeições ou falhas. Você não precisa ser aceita para ser valiosa.

Amiga, Jesus não só nos concedeu dons maravilhosos, mas também nos equipou com tudo o de que precisamos para curar e sermos curadas, para renovar e sermos renovadas. Quando andamos com o coração cheio de fé, entendemos que não estamos sozinhas. Ele é a nossa força e nossa esperança.

Conversando com Deus

Amado Senhor,

Tu és meu protetor eterno e fonte de força. Hoje, coloco-me diante de Tua grandeza, reconhecendo minha fragilidade e pedindo perdão pelos meus erros.

Tu me capacitas com um poder que vai além da compreensão humana. Assim como chamaste os apóstolos para curar os enfermos e expulsar demônios, sei que me chamas para levar cura e esperança. Que o Teu poder me fortaleça para ser uma mensageira do Teu amor, trazendo restauração onde há dor.

Ensina-me a confiar completamente em Ti, sabendo que não preciso de mais nada para cumprir Teu chamado. Sei que Tu me dás tudo o de que preciso e me guiarás a cada passo.

Quando a rejeição ou a dificuldade vier, ajuda-me a lembrar que meu valor não depende da aceitação dos outros, mas de Teu amor. Que eu seja luz, mesmo nos momentos difíceis, e que em Ti eu encontre forças para continuar.

Declaro que serei canal dos Céus para curar outras mulheres. Eu e meus descendentes seremos curados pelo maravilhoso toque de Jesus e carregaremos o Teu poder, ó Deus, para ajudar outras pessoas.

Em nome de Jesus,

Amém.

> "JESUS NÃO SÓ NOS CONCEDEU DONS MARAVILHOSOS, MAS TAMBÉM NOS EQUIPOU COM TUDO O DE QUE PRECISAMOS PARA CURAR E SERMOS CURADAS."

80 A súplica de um necessitado

"MISERICÓRDIA, SENHOR, POIS CLAMO A TI TODO O DIA." (SALMOS 86.3)

"Diante de Deus, a súplica de um coração quebrantado tem grande valor."

Quantas mulheres não se sentem vulneráveis, com a alma pesada e o coração inquieto? O peso das dificuldades, as incertezas e as provas podem nos fazer sentir distantes de Deus, como se estivéssemos sozinhas em nossa luta. No entanto, como nos ensina o salmo 86, nossa súplica ao Senhor deve ser constante, uma expressão sincera de clamor diante da nossa fragilidade. A súplica não é apenas uma oração de desespero, mas um pedido fervoroso e persistente, que nasce da confiança de que o Criador nos ouve e nos ampara em nossas fraquezas. No salmo 83, vemos a súplica de Israel diante de seus inimigos, uma oração de desesperança, mas também de esperança, porque é nesse momento de crise que a fé se fortalece, e o Senhor é invocado como o único capaz de trazer libertação.

A súplica, segundo a Bíblia, é mais do que um simples pedido; ela é um clamor do coração que reconhece sua total dependência de Deus. Quando clamamos ao Senhor, estamos não apenas expressando nossa dor e necessidade, mas também afirmando nossa confiança no

Seu poder soberano para agir em nossa vida. É um grito que sai do fundo da alma, que expressa vulnerabilidade, mas também a certeza de que, por mais escuro que o caminho pareça, Deus sempre responde à oração da mulher que O busca com sinceridade e fé. A súplica é, então, uma manifestação de nossa confiança em Deus, uma entrega em que reconhecemos nossa limitação e esperamos em Sua infinita bondade.

Quando os ventos da adversidade parecem persistentes, é importante lembrar que a presença de Deus nos envolve e nos fortalece, ainda que não possamos ver de imediato as respostas que esperamos. A súplica é também um convite para abrirmos nosso coração diante do Senhor, para confiarmos em Sua sabedoria divina, mesmo quando não compreendemos os desígnios de Deus. Ele está sempre presente, ouvindo nosso clamor e oferecendo Sua misericórdia. Cada dificuldade que enfrentamos é uma oportunidade de nos aproximarmos mais de Deus, de buscá-Lo com mais fervor e de deixar que Sua presença transforme nossas dores em força e sabedoria. Não subestime o poder de uma oração sincera, pois é por meio dela que o Senhor se revela em nossa vida.

Não há momento em que Ele não esteja pronto para nos ouvir e nos responder. Que, mesmo nas tempestades mais intensas, possamos elevar nossa voz em oração, sabendo que Ele nos escuta e nos sustenta com Seu amor e Sua graça, sempre disposto a transformar nossas fraquezas em vitórias, e nossas lágrimas em esperança.

Conversando com Deus

Amado Pai,

Tu, que és a fonte de toda luz e bondade, estendes Teus braços para me acolher em minha fragilidade. Em meio a tantas incertezas, encontro consolo em Tua presença fiel.

Reconheço que sou imperfeita e frequentemente falho em seguir Teus ensinamentos. Peço que perdoes minhas falhas e me envolvas com Tua misericórdia. Conduze-me com Tua mão firme e amorosa, guiando meus passos com sabedoria. Que em cada desafio eu encontre uma oportunidade de crescimento espiritual, aprendendo com humildade e perseverança.

Como Tua filha, perdoada por Jesus e selada pelo Espírito Santo, elevo minhas súplicas aos Céus e as derramo diante do Teu trono. Cada problema, dificuldade e ansiedade, lanço tudo aos Teus pés.

Declaro que meu coração sempre se refugiará em meu Salvador, Jesus. Elevarei minha súplicas apenas a Ti e confiarei que viverei a Tua bondade, Senhor, ainda nesta vida.

Em nome de Jesus,

Amém.

81 A verdadeira saciedade

"TODOS COMERAM E FICARAM SATISFEITOS, E OS DISCÍPULOS RECOLHERAM DOZE CESTOS CHEIOS DE PEDAÇOS QUE SOBRARAM." (LUCAS 9.17)

"Em Jesus, o pouco se transforma em muito, e a fome do coração é saciada."

Querida amiga, você já parou para refletir sobre a verdadeira fome que habita o coração humano? Muitas vezes, encontramo-nos buscando algo que satisfaça a alma, algo que vá além das necessidades materiais, que cure as feridas emocionais e preencha o vazio profundo que carregamos dentro de nós. Em Lucas 9.10-17, encontramos uma história maravilhosa que ilustra perfeitamente como Jesus é o único que pode saciar essa fome de uma maneira única e transformadora.

Naquele dia, uma multidão imensa seguia Jesus, atraída não apenas pelos milagres e ensinamentos poderosos, mas pela fome de algo mais profundo — uma fome que nenhum pão poderia saciar, somente o Pão do Céu. Nós, mulheres, sabemos muito bem como nos sentimos atraídas por tudo aquilo que promete saciar nossa sede e fome internas. Pode ser uma boa conversa, um momento de lazer, ou até uma conquista profissional. Mas a verdade é que, no fundo, sabemos que nada disso é suficiente para saciar a nossa alma de forma completa.

Agora, imagine a cena: uma grande multidão faminta, o dia já se indo e os discípulos, preocupados com a falta de comida, sugerem que Jesus mande as pessoas embora para se alimentarem. Aqui está o segredo: a verdadeira fome não é apenas física, mas espiritual. Jesus sabia que, além de precisar alimentar a multidão com pães e peixes, devia matar uma fome ainda mais profunda em cada coração. Ele é o Pão da Vida. Ele é o único que pode realmente saciar nossa sede de amor, de aceitação e de propósito. Quando nos entregamos a Ele, nossa alma é alimentada de uma maneira que ninguém mais pode fazer.

Você já sentiu aquela sensação de que, por mais que tenha conquistado ou alcançado, ainda há algo faltando? Jesus conhece essa fome e está pronto para saciar. Ele não nos oferece uma solução temporária, mas um alimento que dura para sempre. Ele é a fonte inesgotável que nos fortalece, nos guia e nos dá o sustento que precisamos, mesmo nos momentos de fraqueza.

O convite de Jesus é claro: "Venham a mim todos os que estão cansados e sobrecarregados, e eu darei descanso a vocês" (cf. Mateus 11.28). Ele é o alimento que sacia, a força que sustenta, o amor que preenche. Busque-O, confie Nele e experimente a verdadeira abundância que só Ele pode oferecer.

> "JESUS É O ÚNICO QUE PODE SACIAR ESSA FOME DE UMA MANEIRA ÚNICA."

Conversando com Deus

Amado Salvador,

Busco em Teu amor um refúgio seguro, entregando-Te todas as minhas preocupações e medos. Imploro que me protejas de todo mal e multipliques minhas bênçãos, como fizeste com os cinco pães e dois peixes. Nos momentos de incerteza, guia-me com Tua luz, mostrando o caminho certo a seguir e alimentando minha alma.

Em Tua companhia, os dias mais sombrios encontram luz e os corações aflitos acham paz. Tua presença é meu consolo nas horas difíceis, meu guia nas encruzilhadas. Concede-me a sabedoria para discernir Tua vontade e a coragem para segui-la, mesmo quando o caminho parecer difícil.

Desejo satisfazer minha fome espiritual de paz, propósito e alegria apenas em Cristo, e ensinar meus descendentes a fazer o mesmo. Por isso, declaro que eu e minha casa nos rendemos a Ti, Senhor, e nos satisfazemos apenas em Ti. Não buscaremos os falsos prazeres e falsos deuses. Seremos servos fiéis hoje e sempre.

Em nome de Jesus,

Amém.

82 O poder da exaltação

"COMO É BOM RENDER GRAÇAS AO SENHOR E CANTAR LOUVORES AO TEU NOME, Ó ALTÍSSIMO, ANUNCIAR DE MANHÃ O TEU AMOR LEAL E DE NOITE A TUA FIDELIDADE." (SALMOS 92.1-2).

"Fomos criadas para exaltar o nosso Deus e, ao fazermos isso, recebemos plenitude de alegria."

O salmo 92 é um cântico especial. Diferente de outros salmos que expressam angústia ou pedidos de socorro, esse é intitulado "Cântico para o dia de sábado" — ou seja, um louvor preparado para o descanso santo, um tempo dedicado inteiramente ao Senhor. O salmista que escreveu esse cântico, ou talvez um levita, exalta a bondade, a fidelidade e a grandeza de Deus com alegria. Esse cântico celebra a soberania divina sobre todas as coisas e nos convida a reconhecer, com ações de graças, que Deus é digno de louvor em todo tempo, de manhã até à noite.

No contexto da Antiga Aliança, o sábado era um dia separado para repouso e adoração. Um dia para se desligar das tarefas e preocupações da rotina, e contemplar com o coração aquilo que o Senhor tem feito. E é nesse espírito que o salmista nos ensina: o louvor é mais do que palavras — é uma postura de alma diante do Deus que governa tudo com justiça e amor.

Logo ao amanhecer, os sinais da criação — o canto suave dos pássaros, a luz que se infiltra pelas janelas, o sopro do vento no rosto — são como bilhetes do Céu, lembrando que há um Pai que sustenta tudo com perfeição. Louvar a Deus é alinhar-se com essa verdade: é reconhecer que o Senhor está presente em cada detalhe do dia, desde o despertar até o repouso. O salmista afirma: "Pois me alegraste, Senhor, com os teus feitos; exultarei nas obras das tuas mãos" (Salmos 92.4, NAA).

O louvor nasce de uma percepção sensível e íntima de quem Deus é e do que Ele faz. Ao observarmos a vida — nas alegrias, nos desafios, nas pausas e recomeços —, vemos a mão do Senhor nos conduzindo com ternura. Nada é aleatório. Cada desafio é um terreno onde a fé cresce, e onde o caráter de Cristo é moldado em nós com carinho e propósito. E então o texto declara: "Os justos florescerão como a palmeira, crescerão como o cedro do Líbano" (Salmos 92.12). O louvor fortalece nosso coração e firma nossos passos. A palmeira permanece de pé mesmo sob os ventos mais fortes. O cedro cresce alto, com raízes profundas e sólidas. Assim será você, mulher de fé, que escolhe permanecer louvando mesmo quando a caminhada estiver pesada. Sua vida florescerá.

Ao longo do dia, quando você sentir o Sol tocando sua pele ou escutar o vento balançando as folhas, lembre-se: esses são toques de um Deus pessoal, que cuida de você nos mínimos detalhes. Mesmo quando tudo parece girar fora do controle, o louvor será o seu abrigo. Ele acalma, reposiciona e fortalece. "Tu, Senhor, me alegraste", e essa alegria não depende das circunstâncias, mas da certeza de que Ele está aqui.

Conversando com Deus

Amado Senhor,

Hoje venho diante de Ti com um coração rendido em louvor. É bom cantar a Ti, é precioso exaltar o Teu nome e declarar, logo ao amanhecer, a Tua misericórdia — e ao anoitecer, a Tua fidelidade que nunca falha.

Tu és minha rocha segura, meu abrigo em meio às tempestades. Mesmo quando os dias são difíceis e os ventos contrários sopram forte, eu sei que estás comigo. Perdoa, Pai, minhas falhas e hesitações. Lava minha alma com Tua graça renovadora, e fortalece meu espírito com o Teu amor constante.

Conduze-me pelos caminhos da justiça. Dá-me olhos para contemplar as Tuas obras e um coração sensível para perceber Teu agir mesmo nos detalhes mais simples do dia. Que eu floresça como a palmeira, firme como o cedro do Líbano, com raízes profundas em Ti.

Nos momentos de luta, dá-me serenidade. Que o louvor esteja sempre em meus lábios — não como um hábito vazio, mas como expressão viva de gratidão, confiança e fé. Que minha vida cante quem Tu és, mesmo em silêncio, mesmo nas lágrimas.

Declaro que sempre louvarei o Teu nome, em dias de vitórias e em dias de lutas. Cumprirei o propósito para o qual fui formada.

Em nome de Jesus,

Amém.

"CADA DESAFIO É UM TERRENO ONDE A FÉ CRESCE, E ONDE O CARÁTER DE CRISTO É MOLDADO EM NÓS COM CARINHO E PROPÓSITO."

83 Compromisso com a Cruz

"SE ALGUÉM QUISER VIR APÓS MIM, NEGUE-SE A SI MESMO, TOME DIARIAMENTE A SUA CRUZ E SIGA-ME." (LUCAS 9.23)

"A Bíblia nos instrui que, assim como é o Senhor, deve ser o servo. Fomos chamadas a seguir o exemplo do nosso Mestre."

Há momentos na vida em que somos levadas a encruzilhadas espirituais — quando já não podemos mais continuar do mesmo jeito. Obstáculos surgem, dúvidas gritam dentro de nós, e o coração se vê dividido entre o conforto do conhecido e o chamado de Jesus. É justamente nesses momentos que o convite do Mestre ressoa com mais força: "Tome cada dia a sua cruz e siga-me".

Para a mulher que deseja caminhar com Cristo, tomar a cruz não é um fardo de dor, mas um ato de entrega. É escolher, a cada manhã, viver a vontade de Deus — mesmo que isso custe renúncia. É dizer não a si mesma quando o orgulho quer falar mais alto. É amar quando seria mais fácil se afastar. É servir quando o cansaço quer vencer. É confiar, mesmo sem entender. Tomar a cruz é dizer: "Senhor, não a minha vontade, mas a Tua".

Jesus não prometeu um caminho sem desafios, mas prometeu Sua presença constante. E essa promessa é o que deve ampará-la. Porque, ao seguir os passos Dele, você descobre uma força que não é sua, mas que a sustenta. Em meio à fragilidade, floresce coragem. Em meio à dor, brota esperança. A cruz, quando carregada com fé, transforma-se em ponte: entre quem você é hoje e a mulher a quem Deus está moldando.

Negar-se a si mesma não é se anular, mas é permitir que a nova vida em Cristo cresça em você. É reconhecer que existe um propósito eterno guiando seus passos. Cada decisão alinhada com a vontade de Deus é uma forma de carregar essa cruz com dignidade e amor. É natural sentir medo. Somos humanas. Mas o convite de Jesus não é para que sejamos perfeitas — é para que sejamos fiéis. Ele nos chama para ir além da zona de conforto, para um lugar onde nossa fé se torna viva, transformadora e visível. Ao dizer sim à cruz, você diz sim a uma vida com propósito, marcada por humildade, compaixão e coragem.

E o mais lindo: seu testemunho brilhará. A maneira como você persevera mesmo quando tudo parece

> "PARA A MULHER QUE DESEJA CAMINHAR COM CRISTO, TOMAR A CRUZ NÃO É UM FARDO DE DOR, MAS UM ATO DE ENTREGA."

contrário, como ama quando poderia se fechar, como permanece firme quando tudo balança... isso revela Jesus. Sua cruz não é apenas sua. Ela se torna sinal de esperança para outras mulheres que também estão tentando encontrar o caminho.

Conversando com Deus

Amado Senhor,

Em Tua presença encontro paz, direção e força. Tu és o Caminho que guia meus passos e a Luz que dissipa toda escuridão. Louvo-Te, meu Salvador, por Tua fidelidade inabalável e por me convidares a caminhar contigo, dia após dia, em amor e obediência.

Pai amado, venho a Ti com um coração humilde, reconhecendo minhas falhas e os pecados que, por vezes, nem percebo. Tem misericórdia de mim. Purifica-me e molda-me segundo a Tua vontade. Que eu aprenda a negar a mim mesma para viver plenamente os Teus propósitos — não por obrigação, mas por amor.

Ajuda-me, Senhor, a tomar minha cruz com alegria e reverência. Que eu a carregue não como peso, mas como símbolo da minha entrega a Ti. Em cada desafio, em cada renúncia, que eu enxergue a oportunidade de estar mais perto do Teu coração e de refletir a beleza do Teu Evangelho.

Livra-me, Pai, das armadilhas que enfraquecem minha fé, das vozes que semeiam medo e dúvida, e das tentações que procuram me afastar do Teu caminho. Fortalece meu espírito e dá-me coragem para escolher o que Te agrada, mesmo quando o caminho for estreito.

Quero que minha vida seja um reflexo da Tua graça. Que minhas atitudes e palavras levem paz, amor e esperança às pessoas ao meu redor. Usa-me, Senhor, como instrumento de luz em meio à escuridão. Que através de mim, outras mulheres vejam a força da fé e o poder do Teu amor.

Declaro que, nos dias de cansaço, minhas forças serão renovadas. Nos dias de incerteza, minha confiança será firmada. E quando a cruz parecer pesada, eu me lembrarei de que Tu estás comigo, passo a passo, sustentando-me com Teu cuidado.

Em nome de Jesus,

Amém.

84 Fonte de misericórdia

"É ELE QUEM PERDOA TODAS AS SUAS INIQUIDADES E CURA TODAS AS SUAS DOENÇAS; QUEM RESGATA A SUA VIDA DA SEPULTURA E O COROA DE AMOR LEAL E COMPAIXÃO." (SALMOS 103.3-4)

"A misericórdia de Deus oferece amor e renovação para a alma."

Você já parou para pensar em quão grande é a misericórdia do Criador e no quanto Ele ama cada uma de nós? No salmo 103, Davi expressa um louvor profundo e pessoal, exaltando um Deus que não apenas governa com poder, mas também Se aproxima com ternura e compaixão. Esse salmo não foi escrito por alguém alheio à dor ou à falha, mas por um homem que conhecia tanto o peso da culpa quanto a leveza do perdão. Ao escrever "Bendize, ó minha alma, ao Senhor, e tudo o que há em mim bendiga o seu santo nome" (v. 1, ARA), Davi convida a si mesmo — e a nós — a lembrar da bondade divina, mesmo em meio à fragilidade.

É comum nos sentirmos sobrecarregadas pelos nossos erros, como se eles fossem marcas permanentes em nossa história. Muitas vezes, acreditamos que as falhas nos separam de Deus, sem possibilidades de retornarmos a esse lugar de intimidade. Mas o salmo 103 nos revela uma verdade libertadora: o Senhor não nos trata conforme os nossos pecados, nem nos retribui segundo as nossas iniquidades. Em Sua infinita generosidade, Ele perdoa completamente nossas transgressões. A obra de Cristo na Cruz nos tornou alvo da misericórdia divina! Esse não é um perdão superficial, mas uma reconciliação profunda, que restaura nossa alma e nos permite caminhar com leveza e esperança.

O mais extraordinário é que não precisamos viver presas ao arrependimento. Em Deus, há promessa de liberdade e renovação. Ele é quem sara todas as nossas enfermidades, sejam elas físicas, emocionais ou espirituais. Seu amor tem o poder de alcançar os lugares mais escondidos do nosso coração e restaurar o que parecia perdido. Sua misericórdia é mais que um alívio passageiro; ela é um bálsamo constante, que cura e transforma. A cada dia, Ele nos convida a levantar com dignidade, não para nos escondermos do passado, mas para vivermos plenamente o presente que nos é oferecido. Ele nos coroa de bondade e misericórdia e nos farta de bens, de sorte que nossa mocidade se renova como a da águia (cf. v.4-5). Esse não é apenas um alívio momentâneo, mas uma vitalidade que brota da certeza de que somos amadas e cuidadas por Ele.

> “Em Sua infinita generosidade, Ele perdoa completamente nossas transgressões.”

Você é amada além da medida, e o plano Dele para sua vida é cheio de propósito e significado. Nada está fora do alcance das Suas mãos, nem mesmo aquilo que você acha que já não tem solução. Portanto, siga em frente com confiança.

Conversando com Deus

Amado Rei,

Exalto Teu nome com toda a minha alma e louvo-Te por Tua misericórdia que não conhece fim. Em cada amanhecer, vejo Tua fidelidade renovada; em cada respirar, percebo Tua graça silenciosa sustentando meu viver. Tu me cercas com amor que não se esgota, e me envolves com misericórdia que ultrapassa a compreensão humana.

Obrigada por Tua presença constante e por Teu cuidado que não falha, mesmo quando não percebo. Nos dias em que me sinto pequena diante dos meus erros, é no Teu coração que encontro abrigo. Tuas promessas são como âncoras seguras em meio às tempestades, e Tua compaixão é o bálsamo que cura as feridas mais profundas da minha alma.

Clamo a Ti, pedindo que perdoes minhas falhas — aquelas que reconheço e também as que nem percebo. Lava-me com Tua graça, purifica minhas intenções e renova em mim um espírito firme. Dá-me a leveza da águia que se renova nas alturas e ensina-me a crescer em humildade e sabedoria, mesmo a partir dos meus tropeços.

Conduze meus passos por caminhos de retidão e esperança. Livra-me das armadilhas que tentam me desviar do Teu propósito e fortalece em mim a fé de que tudo coopera para o bem daqueles que Te amam. Sei que Teus planos são mais altos que os meus, e que em Ti habita a fonte de toda paz e direção.

Declaro que, durante este tempo de misericórdia, buscarei a Tua face e também estenderei graça a outros.

Em nome de Jesus,

Amém.

85 Uma família que ora

"NA SUA ANGÚSTIA, CLAMARAM AO SENHOR, E ELE OS LIVROU DAS SUAS AFLIÇÕES. REDUZIU A TEMPESTADE A UM SUSSURRO, E AS ONDAS SOSSEGARAM." (SALMOS 107.28-29)

"Deus criou as famílias para não serem um campo de combate, mas um lugar de refúgio e segurança."

Há dias em que você desperta com o peso do mundo sobre os ombros — responsabilidades, expectativas, cuidados com a casa, com o trabalho, com todos ao seu redor. Em meio a essa rotina intensa, pode ser difícil encontrar equilíbrio e paz. Mas há uma fonte de força silenciosa e transformadora ao seu alcance: a oração em família. Quando cada membro do lar se une para buscar a Deus, a casa se transforma em um refúgio sagrado, onde os corações se alinham e se fortalecem na presença Daquele que sustenta tudo.

Uma mulher que cultiva a oração em família planta raízes profundas em solo fértil. Ela não apenas carrega sua fé, mas também inspira seus filhos, seu cônjuge e todos ao seu redor a confiarem em Deus. Quando vocês se reúnem para orar, algo extraordinário acontece: os laços familiares se estreitam, a empatia floresce e o lar se enche de paz. Em meio às fragilidades e imperfeições, nasce um espaço seguro, onde todos podem ser ouvidos, amados e renovados.

É emocionante ver o poder que há em uma oração compartilhada — seja na voz doce de uma criança pedindo proteção, seja no clamor de uma mãe por sabedoria, ou na gratidão de um coração que reconhece a fidelidade de Deus. Você, como mulher, tem a capacidade de ser essa ponte de fé dentro do lar, conduzindo sua família à presença do Pai. Mesmo os dias mais difíceis ganham outro significado quando você os vive ancorada na oração em conjunto com quem ama.

Não é preciso que as orações sejam longas ou solenes. Muitas vezes, elas nascem de um agradecimento simples antes das refeições, de uma conversa sincera antes de dormir, de um momento de louvor espontâneo no meio do dia. O que importa é a constância. A oração diária fortalece sua alma e ensina os seus a também se apoiarem em Deus. Uma mulher que ora com sua família está edificando um lar sobre a rocha, onde as tempestades podem vir, mas não derrubam.

Mais do que um gesto espiritual, a oração em família é um ato de amor e confiança no Senhor. Em tempos de alegria ou de dor, ela é a ponte que une todos ao coração de Deus. Que você, mulher de fé, continue sendo essa luz em seu lar — aquela que não apenas ora, mas que leva os seus a orarem juntos. Porque uma família que ora unida não é perfeita, mas é inabalável. E isso faz toda a diferença.

Conversando com Deus

Amado Senhor,

Hoje, quero orar em nome de minha família. Ao nos achegarmos a Ti em oração, pedimos que acolhas cada coração com Tua ternura. Abraça-nos com Teu amor restaurador e transforma nosso lar num santuário da Tua graça. Que em meio às rotinas e desafios, saibamos parar para buscar Tua face juntos, como família.

Olha com compaixão para cada um de nós — pais, filhos, irmãos — e perdoa nossas falhas e limitações. Purifica nosso espírito e remove todo peso que possa nos afastar de Ti. Ensina-nos a caminhar em unidade, com força, fé e resiliência, confiando nos Teus planos, mesmo quando não os entendemos.

Rogo que Tua mão poderosa afaste de nosso lar toda tristeza, desânimo e desilusão. Renova nossas forças a cada manhã, e guia-nos pelo caminho da esperança e da renovação. Que cada membro da nossa família sinta Tua presença viva, sendo tocado e transformado por Teu amor. Fortalece os laços de amor, respeito e compreensão entre nós. Que o diálogo, o perdão e o carinho sejam constantes em nosso convívio.

Declaro que seremos um lar que ora junto, caminha junto e vive para refletir Tua glória. Nossos filhos verão em nós o exemplo da fé viva e Te amarão desde cedo com alegria e verdade.

Em nome de Jesus,

Amém.

86 O valor do serviço

"[...] POIS AQUELE QUE ENTRE VOCÊS FOR O MENOR, ESTE SERÁ O MAIOR." (LUCAS 9:48).

"No Reino dos Céus, o serviço é um ato de nobreza."

Há dias em que nos sentimos pequenas. Não pequenas no sentido de modestas, mas de invisíveis, como se nossa presença não fizesse diferença. Olhamos ao redor e vemos mulheres aparentemente mais talentosas, mais fortes, mais reconhecidas. E, em silêncio, perguntamos: Será que minha entrega vale algo?

Os discípulos de Jesus também tinham suas dúvidas sobre valor e grandeza. Em Lucas 9.46-48, lemos que discutiam sobre quem seria o maior entre eles. Jesus, conhecendo o coração humano, não respondeu com repreensões duras, mas com um gesto cheio de significado: Ele acolheu uma criança e disse: "Quem recebe esta criança em meu nome, recebe a mim; e quem recebe a mim recebe aquele que me enviou. Pois aquele que entre vocês for o menor, este será o maior" (Lucas 9.48, ARA). A criança, naquela cultura, representava alguém sem posição, sem prestígio, sem poder. Ao colocá-la no centro, Jesus redefiniu a ideia de grandeza: ela não está na visibilidade, nos títulos ou nos holofotes — está na humildade de quem serve.

A mulher que serve em silêncio, que ora pelos outros sem ser notada, que escolhe o último lugar sem ressentimento, é vista por Deus. E é valorizada. No Reino de Deus, o serviço humilde é a medida da verdadeira grandeza. Em um mundo que constantemente nos pressiona a conquistar, competir e provar valor, Jesus nos convida a descer. Ele nos chama para os bastidores, para o cuidado cotidiano, para os gestos simples que, aos olhos humanos, talvez passem despercebidos — mas que, para Ele, são preciosos.

Servir é um ato de fé. É acreditar que, mesmo quando ninguém vê, Deus vê. Que, mesmo quando o mundo mede nosso valor por métricas passageiras, o Senhor nos afirma: "O menor entre vós todos, esse será grande". Querida, não subestime a graça que flui quando você serve com alegria. Seja no cuidado com sua família, no trabalho muitas vezes não reconhecido, ou nas pequenas atitudes de amor ao próximo — há um Céu inteiro celebrando cada gesto seu. A grandeza de uma mulher no Reino não está no quanto ela aparece, mas no quanto ela ama. E o amor, quando se expressa em serviço, é a linguagem do Reino.

> "SERVIR É UM ATO DE FÉ.
> É ACREDITAR QUE, MESMO QUANDO
> NINGUÉM VÊ, DEUS VÊ."

Conversando com Deus

Amado Pastor,

Obrigada pela vida, pelas bênçãos diárias e pelo amor que me envolve mesmo quando não mereço.

Jesus, exemplo perfeito de serviço e entrega, ensina-me a caminhar como Tu caminhaste — com um coração disposto, mãos estendidas e olhos atentos às necessidades do próximo. Que eu não busque grandeza aos olhos do mundo, mas alegria em Te servir com humildade.

Perdoa minhas falhas, especialmente quando me deixo levar por vaidades e desejos que me afastam do Teu propósito. Restaura em mim o desejo sincero de viver para os outros, como reflexo do Teu amor. Capacita-me a ser útil, mesmo nas tarefas simples e escondidas. Que eu veja o valor eterno de cada gesto de cuidado, cada palavra de encorajamento, cada ato de compaixão.

Declaro que minha vida será uma expressão constante do Teu Reino — onde o menor é grande, e o que serve com amor é exaltado por Ti.

Em nome de Jesus,

Amém.

87 O caminho da Palavra

"BEM-AVENTURADOS OS DE CONDUTA IRREPREENSÍVEL, QUE VIVEM CONFORME A LEI DO SENHOR." (SALMOS 119.1)

"A Palavra nos guia para vivermos segundo a vontade de Deus."

Em meio às tantas vozes que disputam nossa atenção — promessas fáceis, padrões inalcançáveis e caminhos sedutores —, a Palavra de Deus se ergue como um farol firme, que nunca se apaga. Ela é o chão seguro para os nossos passos e a direção certeira para o nosso coração.

Ser uma mulher que edifica sua vida sobre a Palavra é mais do que saber versículos; é permitir que cada letra escrita ali molde nossas escolhas, pensamentos e atitudes. É deixar que a verdade de Deus penetre fundo, como uma semente que, aos poucos, transforma o solo da alma e gera frutos de fé, coragem e integridade.

A Lei do Senhor não é um fardo, mas um alívio. Em um mundo instável, ela nos oferece estabilidade. Em dias de dúvida, ela sussurra esperança. Em momentos de fragilidade, ela nos recorda quem somos: amadas, guiadas e sustentadas pelo Pai. Quando nos deixamos guiar por essa Palavra viva, descobrimos o verdadeiro caminho da bem-aventurança; e essa alegria profunda que não depende das circunstâncias, está em andar com o Senhor, obedecendo à Sua vontade, mesmo quando ela nos desafia.

Edificar sobre a Palavra é fazer escolhas contraculturais. É optar pela verdade quando a mentira parece mais conveniente. É amar quando seria mais fácil se fechar. É semear paz, mesmo em terrenos áridos. É decidir que a voz de Deus terá sempre mais peso do que as opiniões ao nosso redor. E mesmo quando erramos — porque somos humanas —, a Palavra continua ali, acolhendo-nos com graça, corrigindo-nos com ternura e nos apontando de novo o caminho da vida.

Querida, não subestime o poder de uma mulher que vive enraizada na Palavra. Sua vida se torna um testemunho silencioso, mas profundo. Um reflexo da fidelidade de Deus, visível até nos detalhes mais simples do dia a dia. Permita que a Palavra seja seu alicerce. Que sua fé floresça a partir dela. E que, ao longo da sua jornada, você possa ser reconhecida como uma mulher que caminha com Deus de forma irrepreensível, não por perfeição, mas por devoção.

> "Quando nos deixamos guiar por essa Palavra viva, descobrimos o verdadeiro caminho da bem-aventurança."

Conversando com Deus

Amado Pai,

Eu Te exalto com todo o meu ser. Tu és minha rocha firme, meu refúgio nas incertezas e a força que me sustenta nos dias difíceis.

Agradeço-Te pela Tua Palavra viva, que ilumina meus passos, consola meu coração e me orienta com sabedoria. Que ela seja o solo onde minha fé floresce e meu coração repousa em paz. Perdoa minhas falhas e purifica meus pensamentos. Sei o quanto sou frágil sem a Tua graça. Guia-me para que eu ande em retidão, firme na Tua verdade e sensível à Tua voz.

Fortalece-me para que eu viva com coragem, discernimento e amor. Que minha vida reflita a Tua luz e que, por meio de mim, outras mulheres também encontrem esperança na Tua Palavra.

Declaro que serei uma embaixadora dos Teus mandamentos e o deleite do meu coração estará em Tua Palavra, todos os dias da minha vida.

Em nome de Jesus,

Amém.

88 Escolhas e renúncias

"[...] SIGA-ME![...]" (LUCAS 9.59)

"Seguir Jesus é caminhar envolta no amor e na proteção eterna."

Caminhar ao lado de Jesus é uma experiência profunda e transformadora, repleta de significado. Mas a ideia de que segui-Lo garante uma vida sem obstáculos é uma ilusão. No Evangelho de Lucas, vemos que até aqueles que desejavam ardentemente seguir Seus passos enfrentavam dúvidas e hesitações.

Haverá momentos de intensa inspiração, quando o coração se enche de fé e propósito. Mas também haverá dias de incerteza e temor. Ainda assim, o compromisso de viver sob a direção de Jesus traz a promessa de luz para os nossos caminhos e a certeza de que, mesmo nas lutas, nunca estaremos sozinhas.

Você já refletiu sobre o que a motiva a seguir Jesus? Seria a promessa de redenção? O anseio de um futuro melhor? Ou o amor imenso e compassivo que Ele demonstrou? Como os discípulos, também podemos hesitar: "Seguir-Te-ei, Senhor, mas deixa-me primeiro..." — colocando outras prioridades no lugar Dele.

Seguir a Cristo exige entrega. Requer abrir mão de prazeres passageiros e colocar nossa vida nas mãos Daquele que sabe o que é melhor. Isso pode parecer assustador.

Afinal, nossos desejos e sonhos nos prendem, muitas vezes. Mas seguir Jesus não significa abandonar quem somos, e sim permitir que Ele alinhe nossos sonhos à Sua perfeita vontade.

É profundamente gratificante viver com propósito, sabendo que cada passo é guiado por mãos cheias de amor. A fé em Jesus renova nossa alma e nos dá uma nova perspectiva: passamos a enxergar além dos desafios do cotidiano. A cada amanhecer, temos a oportunidade de colocá-Lo em primeiro lugar, buscando Sua presença e direção. O verdadeiro desafio é permanecermos firmes, mesmo quando tudo ao nosso redor parece desmoronar. Mas cada passo rumo a Jesus nos aproxima da verdadeira liberdade, da paz interior e de uma vida plena.

Que a cada dia possamos renovar nosso sim a Ele, certas de que estamos nas mãos seguras do nosso Salvador. E quando olharmos para trás, veremos que cada renúncia valeu a pena.

Conversando com Deus

Amado Deus,

Minha alma Te louva, encontrando refúgio no Teu amor incondicional. Agradeço por me guiares na jornada de seguir a Jesus, por me chamares a tomar a minha cruz e seguir-Te com coragem e dedicação.

Purifica meu coração e fortalece minha fé, para que eu viva de acordo com os Teus ensinamentos. Ajuda-me a renunciar ao que me afasta de Ti e a entregar-me completamente à Tua vontade, confiando que, ao tomar a cruz, encontro a verdadeira vida.

Agradeço pelas bênçãos diárias e pela oportunidade de crescer mais perto de Ti, mesmo nos desafios. Que minha vida seja um reflexo de Teu amor e verdade. Peço, Senhor, que abençoes minha família e amigos, protegendo-nos em cada passo. Dá-nos a sabedoria e força para carregar nossa cruz com humildade, sabendo que Tu estás sempre conosco.

Declaro que seguirei Teus passos fielmente, como uma discípula obediente ao Mestre, e viverei a Tua bondade neste mundo.

Em nome de Jesus,

Amém.

> “É PROFUNDAMENTE GRATIFICANTE VIVER COM PROPÓSITO, SABENDO QUE CADA PASSO É GUIADO POR MÃOS CHEIAS DE AMOR.”

89 Deus é o meu refúgio

"QUANDO O MEU ESPÍRITO DESANIMA, ÉS TU QUEM CONHECE O MEU CAMINHO [...]." (SALMOS 142.3)

"Existe um refúgio seguro e inabalável para as filhas de Deus, que este mundo não pode oferecer. Eleve os olhos para Jesus, o seu refúgio."

Muitas vezes, a vida nos conduz por caminhos árduos e difíceis, onde a alma se sente aprisionada, como se estivesse em um cárcere invisível. Esse cárcere pode ser até uma depressão, um abismo profundo que tenta ofuscar a nossa essência. Há momentos em que nos vemos em silêncio, clamando por alguém que realmente compreenda nossa dor, mas, na maior parte das vezes, parece que estamos isoladas. No entanto, a Palavra de Deus nos lembra de que jamais estamos sozinhas. Ele está conosco, sendo o nosso refúgio em tempos de aflição.

O salmo 142 nos traz a oração de Davi, escrita enquanto ele se encontrava escondido em uma caverna, fugindo da perseguição de Saul. Davi, em seu desespero, clama a Deus, buscando Sua ajuda e libertação, já que se sentia completamente só e sem forças para lutar contra seus inimigos. Em um momento de angústia,

Davi reconheceu que o Senhor era o único que poderia socorrê-lo. Ele diz no versículo 5: "A ti, ó Senhor, clamei; eu disse: tu és o meu refúgio e a minha porção na terra dos viventes" (ARC). Como Davi, podemos também encontrar refúgio em Deus, aquele que nos conhece profundamente e nunca nos abandona.

Em meio à dor e ao caos emocional, pode parecer que a luz da nossa alma está prestes a se apagar, mas lembre-se de que, em Cristo, temos força. Ele nos fortalece, e Sua presença nos reanima. Recorde-se de que, em momentos de luta, podemos nos cercar de pessoas que nos apoiem, que nos lembrem da verdade de que não estamos sozinhas. A depressão pode tentar nos convencer do contrário, sussurrando mentiras e dizendo que não há ninguém ao nosso lado. Mas isso é uma falácia! No versículo 7, Davi ora pedindo ao Senhor que o tire da prisão para que ele possa louvar o Seu nome. Ele sabia que Deus era sua libertação. Quando o inimigo tenta nos isolar, não podemos nos esquecer de que o Senhor nunca nos abandona. O amor divino é infinito e Ele está sempre pronto a nos amparar.

Sua vida, com todas as suas lutas, é preciosa aos olhos de Deus. Cada lágrima, cada sorriso, cada dor e

> "A PALAVRA DE DEUS NOS LEMBRA DE QUE JAMAIS ESTAMOS SOZINHAS."

cada vitória fazem parte da jornada que Ele planejou para você. No versículo 6, Davi diz: "Atende ao meu clamor, pois me sinto muito fraco" (NAA). Mesmo em momentos de fraqueza, Deus escuta nosso clamor, Ele nos vê e nos ama. Cultive a sua fé, porque ela é a chave para a sua superação. A oração, seja ela silenciosa ou expressiva, é um poderoso meio de nos conectarmos com o Senhor. É a partir dessa fé que podemos ver além da dor e encontrar esperança na promessa de que Deus está trabalhando em nosso favor.

Conversando com Deus

Amado Deus,

Louvado seja o Teu nome, minha rocha e abrigo. Agradeço-Te pela Tua presença constante e por seres meu refúgio nos momentos de fraqueza. Peço perdão pelas vezes em que deixei a tristeza e o medo tomarem conta de mim. Liberta-me das correntes que me prendem, fortalece meu espírito e dá-me coragem para transformar a dor em propósito. Dá-me serenidade para enfrentar os desafios e força para crescer através das dificuldades.

Ilumina minha mente e meu coração com Tua sabedoria, guiando-me pelo caminho da esperança e fé renovada. Que minha vida reflita Tua graça em cada ação e palavra.

Protege-me das trevas que tentam obscurecer minha visão e enche-me com a certeza de Tua presença constante. Alimenta minha fé com Tua misericórdia e amor.

Ajuda-me a redescobrir alegria nas pequenas coisas, lembrando-me sempre de Tua bondade. Permite-me viver cada dia sob Tua proteção e bênção.

Declaro que eu sempre encontrarei a coragem para superar as sombras e seguir em frente com Cristo, confiando que Tua luz em mim nunca se apagará.

Em nome de Jesus,

Amém.

90 Mensageiros do Reino

"[...] O REINO DE DEUS ESTÁ PRÓXIMO DE VOCÊS." (LUCAS 10.9)

"A Palavra compartilhada transforma vidas e inspira esperança."

Ao compartilharmos a Palavra de Deus, não estamos apenas transmitindo informações ou conceitos, mas convidando outros a experimentarem o poder transformador do amor de Deus, que dá propósito e nos conecta ao Criador. A mensagem do Reino de Deus vai além de simples palavras; é a oferta de uma vida abundante, que só pode ser encontrada em Cristo.

O mundo ao nosso redor está repleto de desafios e pessoas que buscam um sentido maior para suas vidas. Muitas vezes, elas estão feridas, perdidas, ansiando por esperança e por algo que preencha o vazio em seus corações. Quando levamos a Palavra de Deus a essas almas, estamos oferecendo mais do que uma simples ajuda; estamos mostrando um caminho, um propósito e uma esperança que transcendem as dificuldades da vida. Em Lucas 10.9, Jesus nos instrui a anunciar o Reino de Deus: "Curai os enfermos que nela houver, e dizei-lhes: É chegado a vós o Reino de Deus" (ARC). Essa verdade nos lembra de que ao levarmos o Reino de Deus, estamos trazendo cura e transformação, pois o Reino é cheio de vida, paz e restauração.

É importante lembrar que nem todos estarão prontos para ouvir ou receber a mensagem. Jesus nos ensina em Lucas 10.10-11: "Mas, em qualquer cidade em que entrardes e vos não receberem, saindo por suas ruas, dizei: Até o pó que da vossa cidade se nos pegou sacudimos sobre vós" (ARC). Não se deixe desanimar se a recepção não for calorosa em todos os lugares. Algumas pessoas ainda não estão prontas para abrir seu coração, mas, em outros lugares, sua mensagem será o bálsamo de cura para almas sedentas de Deus.

Talvez você se pergunte: "Como posso levar a Palavra de Deus ao próximo? Como posso fazer a diferença?". A resposta está em começar com um coração aberto para ouvir. Escute as histórias, as dores e os sonhos das pessoas. Seja genuína, mostre interesse e compaixão. A Palavra de Deus não é apenas um conjunto de ensinamentos; é a vivência de um relacionamento com o Criador. Ao cultivar relacionamentos verdadeiros, você cria um espaço onde a graça de Deus pode operar e transformar vidas.

É fácil desanimar diante da dor e do sofrimento no mundo, mas lembre-se das palavras de Jesus: "E eu estarei sempre com vocês, até o fim dos tempos" (Mateus 28.20). Avance com fé e confiança, sabendo que você não está sozinha. Leve a Palavra de Deus não apenas com palavras, mas com ações, amor e compaixão. Você tem o poder de impactar vidas, de mudar trajetórias e de trazer esperança onde parece não haver nenhuma. Cada passo que você dá em obediência à vontade do Pai é um passo a mais na construção do Reino de Deus neste mundo.

Conversando com Deus

Amado Deus,

Criador do Universo, louvado seja o Teu nome, por Jesus, nosso Salvador, que nos resgatou das trevas com amor e sacrifício. Peço Tua misericórdia, perdoando meus pecados e imperfeições. Que Tua graça me purifique e me transforme conforme Tua vontade.

Protege-me das tentações e desafios, afasta o desânimo e a angústia, e dá-me força para enfrentar as provações com fé. Concede-me sabedoria para ser uma verdadeira embaixadora da Tua Palavra, espalhando amor e esperança a todos que encontrar, contribuindo para o Teu Reino neste mundo.

Guia meus passos e pensamentos, para que sejam instrumentos de paz e reconciliação, encontrando alegria em Te servir e ajudar os outros. Renova minha fé, ajuda-me a ver além das dificuldades e a confiar em Tua providência, sabendo que tudo está sob Teu controle.

Declaro que, mesmo em meio a desafios, descansarei na promessa de que Tu, ó Senhor, estarás comigo até o fim dos tempos.

Em nome de Jesus,

Amém.

91 O poder da unidade

"É MELHOR SEREM DOIS DO QUE UM, PORQUE MAIOR É A RECOMPENSA DO TRABALHO DE DUAS PESSOAS. SE CAÍREM, UM LEVANTARÁ O OUTRO." (ECLESIASTES 4.9-10)

"A união supera a solidão e cria vínculos de paz entre corações."

Às vezes, querida amiga, a vida pode parecer um vasto oceano de solidão, onde você se vê navegando sozinha, enfrentando ondas de desafios e incertezas. Mas ao refletirmos nas palavras de Eclesiastes 4.9-10, somos gentilmente lembradas de que "é melhor serem dois do que um". Esse versículo nos lembra que a união tem poder e que, ao compartilhar nossa vida, encontramos forças que sozinhas não conseguimos obter.

Imagine por um instante uma estrela, brilhando no céu, com sua luz única. Em certos momentos, nuvens podem tentar obscurecer o seu brilho, mas ela permanece ali, brilhando, resistindo. Assim é você, mulher: única e com um brilho próprio, mas quando se une a outro, seja no casamento, na amizade ou na família, sua luz se fortalece ainda mais. O amor e a companhia tornam a jornada mais leve, e sua luz brilha com mais intensidade.

Eclesiastes nos ensina que, quando uma cai, outra pode levantá-la. Esse ensinamento se aplica especialmente ao casamento e à união familiar. A vida não é feita apenas de momentos felizes; também enfrentamos dificuldades e desafios. No entanto, a beleza da vida está em como, ao estarmos juntas, levantamo-nos e fortalecemo-nos. Como mulher, você não precisa carregar o peso sozinha. No casamento, na amizade, na igreja ou na sua família, você encontra força quando se permite ser apoiada e apoia os outros.

A vida frequentemente nos leva a momentos de introspecção, onde buscamos entender nosso propósito e o significado das nossas lutas. Quando você se sente perdida ou sozinha, lembre-se: a verdadeira força vem da união. O casamento, a família e a fé são como fios que entrelaçam sua vida, proporcionando uma base firme onde você pode encontrar apoio, amor e força para seguir em frente.

Sua fé é o alicerce que nunca a abandona, especialmente nas tempestades. Deus está sempre ao seu lado, e Ele coloca ao seu redor mulheres e homens de fé que caminham com você. Sua luz se intensifica quando você compartilha essa fé com os outros, iluminando o caminho de todos ao seu redor.

Portanto, mulher, quando se sentir como uma guerreira solitária, lembre-se: você não está sozinha. A beleza da vida está na comunhão, na união com outras pessoas e com o Criador. "É melhor serem duas do que uma", porque, juntas, erguemo-nos, florescemos e nos fortalecemos, sempre sustentadas pelo amor e pela graça de Deus.

Conversando com Deus

Amado Deus,

Venho a Ti, Senhor, com um coração grato e reverente, reconhecendo Tua imensidão e bondade. Agradeço pelo Teu amor e paciência, que me sustentam a cada dia. Consciente das minhas falhas, peço perdão pelas vezes em que deixei minhas fraquezas ofuscarem a luz da fé.

Nos momentos de solidão e incerteza, sei que Tua presença é constante, mesmo quando não consigo ver. Afasta de mim as tentações e perigos que ameaçam minha alma e meu caminho.

Fortalece-me na união com minha família da fé, para que possamos seguir juntas, apoiando-nos mutuamente e buscando sempre Tua vontade. Que a luz de Cristo brilhe em meu coração, guiando-me dia a dia, e minha vida seja um testemunho de Teu amor, atraindo outros para Te conhecerem.

Declaro que Tua presença constante me levantará quando eu cair e me fortalecerá nas fraquezas. Eu sempre sentirei Teu abraço e ouvirei Tua voz suave me guiando.

Em nome de Jesus,

Amém.

92 A redenção de uma pecadora

"[...] QUEM REJEITA VOCÊS ME REJEITA; E QUEM ME REJEITA TAMBÉM REJEITA QUEM ME ENVIOU." (LUCAS 10.16)

"O arrependimento coloca a graça de Deus em ação."

Mesmo diante da grandeza e dos milagres realizados por Jesus, muitas vezes nos questionamos: por que ainda insistimos em nossos erros e nos sentimos incapazes de nos libertar dos nossos pecados? É impressionante como, mesmo imersas no amor incondicional de Cristo e testemunhando Seu poder transformador, ainda encontramos resistência em nos entregarmos por completo.

Entender o *arrependimento* é fundamental. Arrepender-se não é apenas admitir falhas, mas envolve uma transformação profunda e uma renovação espiritual. Quando vemos as maravilhas que Jesus fez, nosso coração é tocado, mas o verdadeiro desafio aparece quando precisamos permitir que Sua luz nos transforme internamente.

É natural termos momentos de dúvida. Somos complexas, muitas vezes atormentadas por nossas fragilidades. Mas a superação não está em negar nossos erros, mas em aceitar o amor e a misericórdia que nos são oferecidos. Lembre-se: Jesus não veio para as *justas*, mas para as *pecadoras*. Ele quer sua aproximação, exatamente como você é, com todas as suas imperfeições e vulnerabilidades.

As dificuldades e tentações podem parecer imensas, mas a verdade é que a graça de Jesus é suficiente. Ao refletir sobre Seus milagres e Seu amor, olhe para dentro de si mesma e pergunte-se: "Por que, mesmo após testemunhar tanto, ainda me prendo aos meus erros"? Muitas vezes, a resposta está nos medos que nos limitam. Enfrentá-los com fé e coragem nos leva à verdadeira redenção.

O amor de Jesus é incondicional. Ele nunca Se afasta por causa das nossas falhas, mas Se aproxima ainda mais, desejando que nos abramos para Seu perdão e misericórdia. O convite é claro: não deixe que os erros do passado a façam desanimar. Volte-se para Jesus e descubra não apenas o perdão, mas também o propósito e a paixão para viver a vida que Ele planejou para você.

A presença de Jesus nos guia, fortalece e nos capacita para superar qualquer obstáculo. Permita-se ser vulnerável, reconheça suas falhas, aceite Sua graça e abrace a renovação espiritual que Ele oferece. Assim, a chama da transformação acesa por Cristo não só iluminará seu caminho, mas também aquecerá seu coração.

> "A SUPERAÇÃO NÃO ESTÁ EM NEGAR NOSSOS ERROS, MAS EM ACEITAR O AMOR E A MISERICÓRDIA QUE NOS SÃO OFERECIDOS."

Conversando com Deus

Amado Deus,

Venho a Ti em busca de Tua misericórdia e imploro por Teu perdão. Purifica meu coração com Tua graça restauradora e renova em mim um espírito firme e dedicado aos Teus caminhos.

Peço Tua proteção contra as tentações que me cercam e coragem para enfrentar os medos que tentam abalar minha fé. Fortalece-me com intrepidez para que eu possa encarar os desafios da vida, sempre confiando no Teu amor infalível e em Tua infinita misericórdia. Minha entrega total a Ti é meu desejo, permitindo que a chama de Cristo arda intensamente dentro de mim. Ilumina meu caminho, guiando cada passo em direção à Tua verdade e sabedoria.

Agradeço por Tua constante presença, por Tua bondade sem fim e paciência comigo. Enche-me com Teu Espírito Santo, para que eu seja luz e espalhe Teu amor ao meu redor. Recebe minha oração sincera, pois confio plenamente em Teu cuidado. Elevo minha voz em louvor, reconhecendo que tudo o que tenho e sou vem de Ti.

Declaro que sempre terei um coração quebrantado e contrito, arrependendo-me sempre que necessário.

Em nome de Jesus,

Amém.

93 O orgulho abatido

"OS OLHOS DO ARROGANTE SERÃO HUMILHADOS, E O ORGULHO DOS HOMENS SERÁ ABATIDO; SOMENTE O SENHOR SERÁ EXALTADO NAQUELE DIA." (ISAÍAS 2.11)

"Reconhecer os erros e abraçar a humildade é reconectar-se com Deus."

Às vezes, nossas emoções e atitudes podem lançar sombras sobre o verdadeiro propósito da nossa existência, desviando nossa atenção do que realmente importa para o espírito. O orgulho, a presunção e a busca por ídolos podem nos seduzir, levando-nos a nos afastarmos de nossa essência e do Criador.

O orgulho se ergue como uma barreira, isolando-nos dos outros e, mais profundamente, afastando-nos de Deus. Quando alimentamos essa ilusão de superioridade, apenas encobrimos nossa verdadeira natureza, que é frágil e cheia de anseios. Como diz Isaías 2.11, "Os olhos altivos dos homens serão abatidos, e a altivez dos varões será humilhada; e só o Senhor será exaltado naquele dia" (ARC). O orgulho nos cega e nos impede de enxergar o que realmente importa, afastando-nos da humildade que Deus deseja formar em nós.

Cultuar ídolos não é apenas adorar estátuas, mas ocorre sempre que colocamos algo acima de Deus — seja o poder, o dinheiro, a aparência ou até uma versão idealizada de nós mesmas. Isso nos afasta do que é eterno e sagrado, afastando-nos da verdadeira vida e da conexão com Deus. Reflita sobre os momentos em que o orgulho a cegou, quando a presunção a fez sentir-se isolada ou distante de si mesma. Pergunte-se: "Quando foi que coloquei algo acima de Deus em meu coração"? Essas perguntas podem ser difíceis, mas elas abrem um caminho de reconciliação, onde a humildade e a fé podem guiar seu ser.

Essa é a jornada do arrependimento e da transformação. O caminho pode não ser fácil, pois é necessário coragem a fim de olhar para dentro, reconhecer falhas e desejar mudança. Mas ao fazer isso, você redescobre o propósito da vida, o valor dos laços verdadeiros e a força do perdão. Como nos ensina Tiago 4.6, "Deus resiste aos soberbos, mas dá graça aos humildes" (ARA).

Você tem a força necessária para transformar seu coração, derrubar as barreiras do orgulho e da presunção, e renunciar ao culto a ídolos que a desviam do caminho autêntico. Ao fazer isso, encontrará não só o perdão, mas também a verdadeira paz que brota da conexão com o Espírito do Criador. Cultive em seu coração um espaço onde a fé floresça, onde o respeito e a empatia guiem suas ações, e onde a humildade seja sua bússola. Que a fé seja a força que a impulsiona em direção ao verdadeiro propósito de sua vida.

> "CULTIVE EM SEU CORAÇÃO UM ESPAÇO ONDE A FÉ FLORESÇA."

Conversando com Deus

Amado Senhor,

Engrandeço o Teu nome e reconheço a Tua majestade. Agradeço por Tua presença constante em minha vida, sendo meu refúgio seguro nas tempestades e inundando minha alma com Tua paz.

Peço perdão pelas vezes em que o orgulho obscureceu minha visão da Tua verdade e pelas palavras e ações que não refletiram Teu amor. Ajuda-me a aceitar com humildade as correções e buscar a transformação do meu ser. Protege-me das tentações que procuram me desviar de Ti e da escuridão que ameaça apagar a luz da Tua graça em minha vida. Que o Teu Espírito Santo me guie em cada pensamento, palavra e ação, para que eu caminhe firme em Tua direção.

Renova minha fé e dá-me a coragem de enfrentar os desafios diários com um coração confiante e sereno, lembrando-me sempre da Tua misericórdia e amor incondicional. Agradeço por atenderes minhas súplicas e por estares sempre ao meu lado, conduzindo-me de volta ao Teu abraço amoroso. Que Tua presença seja meu guia constante, e que eu viva para glorificar Teu nome.

Declaro que, assim como Cristo espera de mim, terei um coração humilde. Terei o mesmo sentimento que houve também em Jesus e agradarei o Teu coração, ó Pai.
Em nome de Jesus,

Amém.

94 O poder da misericórdia

"PORQUE SERÁ EXERCIDO JUÍZO SEM MISERICÓRDIA SOBRE QUEM NÃO FOI MISERICORDIOSO. A MISERICÓRDIA TRIUNFA SOBRE O JUÍZO!" (TIAGO 2.13)

"A misericórdia é uma virtude cristã que transforma corações."

Buscar a luz em meio às trevas pode parecer um desafio imenso, especialmente quando o mundo ao nosso redor parece marcado por injustiças e desentendimentos. No entanto, há uma verdade que nos enche de esperança e força: a misericórdia de Deus sempre triunfa sobre o juízo. Em Tiago 2.13, lemos exatamente essas palavras. Essa é uma promessa de Deus que nos convida a viver de uma maneira que vai além da exigência da justiça, priorizando a compaixão e o perdão.

Como mulheres, muitas vezes nos vemos diante de situações em que o impulso natural é exigir que as coisas sejam justas, ou até fazer justiça com as próprias mãos. No entanto, a Palavra de Deus nos chama a um caminho mais elevado: em vez de buscar justiça, somos desafiadas a oferecer misericórdia. Ser misericordiosa é um convite a olhar para os outros com os olhos do Pai, reconhecendo que, assim como nós, eles também são imperfeitos, frágeis e necessitados da graça divina. A misericórdia não se limita a uma ação pontual, mas deve ser uma atitude constante, refletindo o caráter de Cristo em nosso dia a dia. Isso implica agir com bondade e compaixão, mesmo quando não é fácil, ou quando sentimos que o outro não merece.

Vivemos em uma sociedade que valoriza o individualismo e a autossuficiência, onde muitas vezes o foco está em nós mesmas e em nossas próprias necessidades. No entanto, Jesus nos ensina que a verdadeira grandeza vem quando escolhemos servir aos outros, quando colocamos o bem-estar do próximo acima dos nossos próprios desejos. Ser misericordiosa não é uma atitude passiva, mas uma escolha ativa, uma decisão diária de priorizar o amor e o cuidado ao invés do juízo e da crítica.

Todos os dias, temos inúmeras oportunidades de sermos canais de misericórdia. Às vezes, isso pode ser algo simples, como ouvir atentamente alguém que precisa desabafar, ou dar uma palavra de encorajamento. Outras vezes, pode envolver um gesto maior, como ajudar alguém em necessidade ou perdoar alguém que nos feriu. Não importa o tamanho do ato; cada expressão de misericórdia é um reflexo do coração de Deus e tem o poder de mudar vidas.

Ao escolhermos o caminho da misericórdia, estamos criando um ambiente de paz e compreensão, onde a justiça de Deus, que é perfeita, pode prevalecer. Em cada ato de misericórdia, aproximamo-nos mais do coração de Deus e refletimos Seu amor incondicional para com todos. Portanto, ao seguirmos o exemplo de Cristo, sejamos mulheres que, ao invés de exigirmos justiça, portemos a misericórdia, pois ela triunfa sobre o juízo, como nos ensina Tiago.

Conversando com Deus

Querido Pai,

Exalto Teu nome e busco abrigo em Teu amor misericordioso. Perdoa-me pelas falhas em demonstrar compaixão ao meu próximo.

Reconheço minha fragilidade e a necessidade constante de Tua graça. Protege-me de todo mal e guia-me nos caminhos da retidão, bondade e justiça. Dá-me força para agir com empatia e amor, seguindo os ensinamentos de Jesus. Ilumina meu caminho, para que eu promova paz e harmonia, enxergando Tua essência em cada ser humano. Enche meu coração de sabedoria, para discernir o certo e agir conforme Tua vontade.

Abençoa meus esforços em espalhar amor, sendo um instrumento da Tua paz. Concede-me paciência e entendimento nas situações difíceis, para agir com serenidade e refletir Tua bondade. Renova em mim o desejo de seguir-Te fielmente, abraçando Tua verdade e amor. Agradeço por Tua infinita bondade e pelas bênçãos derramadas.

Declaro que, tendo o fruto do Espírito Santo dentro de mim, manifestarei misericórdia às demais pessoas. Abençoarei, assim como fui abençoada por Cristo.

Em nome de Jesus,

Amém.

95 Superando a iniquidade

"AI DOS QUE SE PRENDEM À INIQUIDADE COM CORDAS DE ENGANO E AO PECADO COM CORDAS DE CARROÇA." (ISAÍAS 5.18)

"Não há coração tão sujo que não possa ser lavado pelo sangue de Jesus. Ele pode transformar sua história."

Nas profundezas do coração humano, há batalhas silenciosas que, muitas vezes, não são vistas pelos outros, mas que todas nós enfrentamos. Como mulheres, sabemos quão fácil é nos sentirmos atraídas pelas coisas erradas, pelos prazeres temporários e pelas "cordas da vaidade" que nos amarram àquilo que não nos edifica. Mas o caminho da fé é um convite para algo mais profundo, para uma transformação que vem de dentro.

Essas batalhas internas podem nos fazer sentir que estamos em constante luta contra as tentações e as falhas. Às vezes, parece que, por mais que tentemos, somos puxadas para trás pelas "cordas da iniquidade", aquelas distrações que nos afastam do que Deus tem para nós. Mas, como mulheres de fé, é crucial lembrar que a verdadeira essência da fé não está em nossas quedas, mas em nossa disposição sincera de sermos transformadas pelos ensinamentos de Jesus. Ele não nos avalia pelas nossas falhas, mas pelo desejo genuíno de mudança e de viver de acordo com a Sua vontade.

O perdão é a chave para libertar o coração dessas correntes. Comece pedindo perdão a Deus e, então, perdoe a si mesma. Sei que, muitas vezes, somos nossas críticas mais severas, mas o perdão não significa ignorar nossas falhas. Pelo contrário, perdoar-se é dar a si mesma a chance de começar de novo, de entregar nossa história para Jesus e de caminhar na direção da renovação que Deus tem. Diante dos sentimentos de culpa e vergonha, lembre-se de que o amor de Deus é incondicional. Ele conhece nossa fragilidade, e Sua graça é muito maior do que qualquer erro.

É importante olharmos para as amarras que ainda nos restringem. Pergunte a si mesma: quais são meus verdadeiros desejos? Onde desejo estar em cinco ou dez anos? Perguntas como essas podem ajudar a realinhar o foco quando as tentações surgirem, lembrando-nos de que a verdadeira satisfação não está nas promessas do mundo, mas em Deus.

O mundo oferece muitos prazeres passageiros, que nos deixam vazias a longo prazo. Mesmo que, em certos

"O CAMINHO DA FÉ É UM CONVITE PARA ALGO MAIS PROFUNDO, PARA UMA TRANSFORMAÇÃO QUE VEM DE DENTRO."

momentos, você se sinta atraída pelo pecado, lembre-se de que existe uma força maior em você — a força do amor de Deus e a capacidade que Ele lhe dá de se reerguer. O perdão divino não é um passe livre para continuar no erro, mas um convite para se levantar, mudar e recomeçar. Ele nos chama a uma vida nova, onde podemos ser verdadeiramente livres das cordas da vaidade e da iniquidade, e viver conforme o propósito que Ele preparou para nós. Que, em Jesus, encontremos a força para resistir e a graça para viver em liberdade e redenção.

Conversando com Deus

Amado Pai,

Venho a Ti em busca de orientação e proteção, confiando que Tua mão sempre me guiará. Perdoa-me, Pai, por minhas falhas e por todas as vezes que me desviei do Teu caminho. Reconheço minhas fraquezas e peço que me fortaleças para resistir às tentações. Ajuda-me a perdoar a mim mesma e aos outros, libertando meu coração de mágoas e ressentimentos. Que o Teu perdão purifique minha alma e me conceda uma nova perspectiva, cheia de propósito e esperança.

Conduze-me na fé, Pai, e dá-me coragem para buscar Tua verdade e confiar em Tua misericórdia.

Que eu encontre amor, paz e alegria em cada passo ao Teu lado. Renova meu espírito para que eu viva em harmonia com Teus ensinamentos, irradiando bondade e compaixão. Que cada dia seja uma oportunidade de crescimento espiritual, para servir ao próximo, guiada por Tua mão protetora.

Agradeço, Senhor, por ouvires minhas súplicas e pela Tua paciência e amor. Que eu sempre sinta Tua presença em minha vida, fortalecendo minha fé e meu compromisso Contigo.

Declaro que eu e minha família renunciaremos a toda iniquidade e cordas de vaidade e nos abraçaremos aos pés da cruz, onde encontramos redenção e transformação de vida.

Em nome de Jesus,

Amém.

96 Espiritual ou mundana?

"[...] VOCÊ ESTÁ PREOCUPADA E INQUIETA COM MUITAS COISAS." (LUCAS 10.41)

"Deus chamou você para fazer mais que limpar a casa. Ele deseja limpar e transformar o seu coração através da Palavra."

Como mulheres, somos frequentemente sobrecarregadas pelas pressões diárias. Entre prazos, responsabilidades e uma lista interminável de tarefas, é fácil nos sentirmos exaustas e afastadas daquilo que realmente importa. No entanto, assim como no episódio de Marta e Maria em Lucas 10, somos lembradas de que, mesmo em meio ao turbilhão de nossas rotinas, existe uma escolha: ouvir a voz de Jesus e nutrir nossa alma.

Quais são as "cordas" em sua vida que a puxam para longe do seu relacionamento com Deus? Marta, ocupada com as inúmeras tarefas e responsabilidades, ficou preocupada e angustiada. Maria, por outro lado, escolheu se sentar aos pés de Jesus, ouvindo Suas palavras. Não que o trabalho de Marta fosse errado, mas ela se perdeu nas preocupações, deixando de lado o que era mais importante — a presença de Cristo. Em nossa vida cotidiana, podemos nos encontrar em uma situação semelhante. As responsabilidades não são prejudiciais por si mesmas; elas fazem parte da nossa existência. No entanto, o problema surge quando essas tarefas começam a dominar nossa vida, afastando-nos do nosso propósito mais profundo: a conexão com Deus.

Como você pode reservar mais momentos para sentar-se aos pés de Jesus, como Maria, mesmo em meio ao caos? Como pode crescer espiritualmente em um ambiente tão atribulado? A primeira resposta é simples, mas profunda: precisamos alimentar nossa alma. Assim como o corpo precisa de alimento, nosso espírito anseia por sustento. Reserve momentos para fortalecer sua relação com Deus. Mesmo em meio ao caos, dê-se a permissão de fazer uma pausa e ouvir a voz de Deus.

Maria nos ensina que, ao focarmos no que é eterno, encontramos a verdadeira harmonia. As preocupações terrenas são passageiras, mas a conexão com o Criador transcende o tempo. Não se trata de negligenciar nossas responsabilidades, mas de reconhecer que há algo mais profundo e duradouro que precisamos priorizar: nossa vida espiritual. A espiritualidade é o alicerce que nos sustenta. Em meio às demandas da vida moderna, podemos encontrar serenidade, propósito e força ao nos voltarmos para a presença de Deus.

Que cada dia seja uma nova oportunidade para você se aproximar mais de Deus, para se nutrir espiritualmente e encontrar o equilíbrio entre as responsabilidades terrenas e o crescimento espiritual. Ao fazer isso, descobrirá uma paz que ultrapassa todo entendimento e a sabedoria para viver de forma plena e significativa. Como Maria, escolha, mesmo em meio à correria, sentar-se aos pés de Jesus e ouvir Sua voz.

Conversando com Deus

Amado Deus,

Clamo por Teu perdão por todas as vezes que, como Marta, me perdi nas preocupações e distrações da rotina, esquecendo-me de escolher a boa parte. Estende Tua misericórdia sobre mim, purifica meu coração e mente. Livra-me das inquietações e desafios diários, permitindo-me repousar em Teu amor e encontrar serenidade em Tua presença.

Ajuda-me a manter o equilíbrio em meio às ansiedades e inseguranças. Capacita-me a ouvir Tua voz suave e reconfortante, mesmo nos momentos de maior agitação. Que, assim como Maria, eu possa escolher sentar-me aos Teus pés e nutrir minha alma com Tua palavra.

Guia meus passos, Senhor, para que eu caminhe em conformidade com Teus ensinamentos. Ensina-me a ser paciente e compassiva, seguindo o exemplo de Teu Filho,

Jesus Cristo, lembrando-me sempre de que a verdadeira paz vem de estar em Tua presença.

Cada amanhecer traz uma chance de crescer espiritualmente e me aproximar mais de Ti. Que eu aproveite cada oportunidade para escolher a boa parte e viver em harmonia com Teus desígnios. Em Teu amor encontro força e esperança para enfrentar qualquer desafio.

Declaro que, nessa jornada espiritual, cada dia aprenderei a ser mais como Maria. Descansarei meu coração agitado diante de Ti, Senhor, e receberei a boa parte, que é escutar Tua voz.

Em nome de Jesus,

Amém.

> "As preocupações terrenas são passageiras, mas a conexão com o Criador transcende o tempo."

97 Eis-me aqui

"[...] A QUEM ENVIAREI, E QUEM HÁ DE IR POR NÓS? DISSE EU: EIS-ME AQUI, ENVIA-ME A MIM." (ISAÍAS 6.8, ARA)

"Renda-se diante da glória do Senhor. Responda ao chamado divino!"

No ano da morte do rei Uzias, um marco de instabilidade e mudança em Judá, Isaías teve uma das experiências mais impactantes relatadas nas Escrituras — um encontro com a glória de Deus. Em meio à crise política e ao luto nacional, ele foi conduzido à presença do Senhor, e ali viu o trono elevado, cercado por serafins que proclamavam: "Santo, santo, santo é o Senhor dos Exércitos; toda a terra está cheia da Sua glória!" (cf. Isaías 6.3b, ARA).

Essa visão gloriosa rompeu as barreiras da rotina e do ordinário. Tudo tremeu — os alicerces, o templo e o coração de Isaías. Diante da santidade absoluta de Deus, ele se viu claramente: imperfeito, impuro, pequeno. "Ai de mim!", o profeta clamou, reconhecendo não só suas falhas, mas também a influência de um povo inteiro marcado por impureza. Talvez você, mulher, também já tenha se sentido assim — pequena, inadequada, sobrecarregada por falhas passadas e pelo ambiente ao seu redor. Já se pegou pensando: Como posso eu, tão imperfeita, servir a um Deus tão santo?

No entanto, veja o que Deus fez: Ele não rejeitou Isaías. Um serafim voou até o profeta com uma brasa viva e tocou seus lábios. Aquele gesto de purificação foi mais do que simbólico; foi a manifestação da graça. O Senhor não apenas mostrou Sua glória; Ele também estendeu misericórdia. E quando a culpa foi removida, o chamado veio: "A quem enviarei?", e Isaías, agora restaurado, respondeu: "Eis-me aqui, envia-me a mim" (v. 8).

Será que você tem ouvido essa pergunta ecoando em sua alma? Será que, mesmo em meio à correria da vida, entre a insegurança, a rotina e o medo de não ser suficiente, Deus está lhe perguntando: "Você está disposta a ir? A servir? A confiar que Eu a purifiquei e a capacito?" Não espere por um momento perfeito ou sentir-se plenamente preparada. O que o Senhor deseja é um coração disponível, sensível à Sua voz. Que sua resposta, assim como a de Isaías, seja marcada por gratidão e entrega. Você não precisa carregar sozinha o peso da missão, é o próprio Deus quem purifica, envia e caminha ao seu lado.

Talvez agora seja o momento de, em meio à sua própria crise ou transição, levantar os olhos e contemplar o trono. Ele continua alto, sublime, e o Seu chamado ainda ecoa. Que você possa dizer com confiança e fé: "Eis-me aqui, Senhor. Envia-me a mim!".

> "O que o Senhor deseja é um coração disponível, sensível à Sua voz."

Conversando com Deus

Amado Pai,

Em Tua presença encontro reverência, paz e temor. Reconheço Tua majestade e santidade, assim como Isaías no templo, quando Te viu exaltado em Teu trono. Diante da Tua glória, também me reconheço pequena, frágil e carente da Tua misericórdia.

Toca os meus lábios com a brasa viva do Teu altar. Purifica-me, renova-me, prepara-me para responder ao Teu chamado com um coração limpo e disposto. Sei que não sou digna por mim mesma, mas creio na Tua graça que transforma e capacita.

Guia meus passos na verdade, livra-me do engano e das distrações deste mundo. Que eu viva para refletir a Tua luz, agindo com coragem e amor, proclamando com ousadia o Teu nome. Que a Tua vontade se cumpra em mim e que, como Isaías, eu diga: "Eis-me aqui."

Declaro que servirei a Ti, Senhor, e diariamente em oração, eu me encontrarei com a Tua glória e a Tua graça.

Em nome de Jesus,

Amém.

98 Encontrando-se com Deus

"[...] QUANDO VOCÊS ORAREM, DIGAM: 'PAI, SANTIFICADO SEJA O TEU NOME [...].'" (LUCAS 11.2)

"A oração sincera é a ponte que conecta o coração de quem ora com o coração de Deus."

Orar vai além de dizer palavras bonitas ou seguir fórmulas prontas — é um encontro real com Deus, onde alma e coração se encontram com o Pai. Em Lucas 11, ao verem Jesus em oração, os discípulos fizeram um pedido simples, mas profundo: "Senhor, ensina-nos a orar". Isso revela que até eles, que andavam com o Mestre, sentiam necessidade de aprender a se conectar de forma verdadeira com Deus.

E como Jesus respondeu? Com uma oração que atravessa séculos: "Pai, santificado seja o teu nome, venha o teu Reino [...]". Ao começar com "Pai", Jesus nos lembra que Deus é majestoso, sim, mas também *próximo*, um Pai que cuida, ouve, ama e se importa com cada detalhe da nossa vida. Você tem buscado a Deus com esse coração de filha? Ou tem se aproximado Dele como quem tenta impressionar ou merecer atenção?

Ao pedir "venha o Teu Reino", somos convidadas a desejar que os valores do Céu moldem nossa rotina aqui neste mundo, isto é, nossas escolhas, palavras, relacionamentos. É fácil dizer isso em oração, mas será que realmente estamos dispostas a viver sob esse Reino?

"Dá-nos cada dia o pão cotidiano". Essa frase simples nos lembra que dependemos do Pai em tudo, desde o alimento sobre a mesa até o fôlego para continuar. O que hoje você precisa confiar a Ele, em vez de tentar carregar sozinha? Ademais, quando oramos "perdoa os nossos pecados", não apenas admitimos nossas falhas, mas também nos abrimos à restauração. É um convite ao recomeço. E mais: à libertação de ressentimentos, pois somos chamadas a perdoar também. Liberar perdão é um ato de coragem. Há alguém que você precisa perdoar hoje?

Por fim, ao pedir para não cairmos em tentação, reconhecemos nossa vulnerabilidade. Quantas vezes lutamos em silêncio contra pensamentos, hábitos ou desejos que nos afastam de Deus? Essa parte da oração nos chama a depender da força do Pai, não da nossa.

A oração que agrada a Deus não é perfeita, mas *sincera*. É a de quem dobra os joelhos não por obrigação, mas por amor. Então, quando você orar, não tente impressionar a Deus. Apenas abra o coração como quem conversa com um Pai que conhece, compreende e acolhe.

> "AO PEDIR PARA NÃO CAIRMOS EM TENTAÇÃO, RECONHECEMOS NOSSA VULNERABILIDADE."

Conversando com Deus

Amado Pai, que estás nos Céus,

Eu Te reconheço como meu Salvador eterno, cheio de grandeza, misericórdia e amor que jamais falham. A cada dia sou alcançada pela Tua bondade e, por isso, meu coração se enche de gratidão. Obrigada por estares comigo em cada passo, sendo minha luz nos dias escuros e meu abrigo seguro nas tempestades da vida. Em Ti encontro direção, consolo e paz.

Reconheço, Senhor, minhas falhas. Há momentos em que me afasto de Ti, quando o cansaço, a dúvida ou a tentação procuram me dominar. Peço que perdoes meus pecados e limpes meu coração de tudo o que me distancia de Ti. E dá-me também a graça de perdoar quem me feriu, como Tu me perdoas — com compaixão e generosidade.

Livra-me das armadilhas do mal, guarda minha mente e minhas escolhas. Dá-me sabedoria para discernir a Tua vontade em meio às vozes do mundo e coragem para segui-La com fidelidade. Desejo ver Teu Reino crescer aqui na Terra, começando em mim. Usa-me, Senhor, como instrumento da Tua paz, justiça e amor. Coloco diante de Ti meus anseios, temores e sonhos. Que se cumpra em minha vida o Teu querer, pois confio que Tua vontade é boa, perfeita e agradável.

Declaro que, como Tua discípula, permitirei a transformação do meu coração pelo Teu Espírito Santo.

Em nome de Jesus,

Amém.

99 Mulheres ricas

"CUIDADO! PROTEJAM-SE CONTRA TODO TIPO DE GANÂNCIA, PORQUE A VIDA DE UM HOMEM NÃO CONSISTE NA QUANTIDADE DOS SEUS BENS." (LUCAS 12.15)

"A verdadeira riqueza está em compartilhar o tesouro da graça de Deus com os demais."

Vivemos em uma era onde o "ter" muitas vezes fala mais alto do que o "ser". As redes sociais nos bombardeiam com imagens de vidas aparentemente perfeitas, casas bem-decoradas, viagens dos sonhos, guarda-roupas sempre atualizados. E, sem perceber, começamos a medir nosso valor pela quantidade de coisas que acumulamos. Mas, com Sua sabedoria eterna, Jesus nos dá um alerta direto em Lucas 12.15: "A vida de uma pessoa não consiste na abundância dos bens que ela tem" (NAA).

Essa palavra vem como um abraço e também como um chamado: você não é definida pelo que tem, mas por quem você é em Deus. A cobiça, sutil como é, costuma se disfarçar de ambição, estabilidade ou até mesmo de "boa administração". Mas, quando o desejo por mais começa a ocupar o espaço do contentamento, precisamos pausar e perguntar: estou vivendo para acumular ou para compartilhar?

Afinal, qual será o seu verdadeiro legado? Herança é o que deixamos para as pessoas. Legado é o que deixamos nelas. Considere essas questões. Você pode não ter cofres cheios, mas tem um coração generoso? Você pode não ter títulos importantes, mas planta amor por onde passa? Uma mulher de Deus tem o poder de transformar ambientes com suas palavras, com seus gestos, com sua fé. Isso é riqueza verdadeira.

Deus não se impressiona com números ou com vitrine. Ele olha para o íntimo, para a mulher que, mesmo com limitações, decide amar, servir, levantar outras, sorrir em meio às lutas e confiar Nele quando tudo parece incerto. Talvez hoje você se sinta sobrecarregada, achando que precisa conquistar mais para ser relevante. Mas o Espírito Santo convida você a descansar nesta verdade: o que constrói no coração das pessoas tem valor eterno. A gentileza que ofereceu. A oração feita em silêncio por alguém. O tempo que você doou. A escuta atenta. O abraço sincero. Tudo isso é tesouro no Céu.

Então, ao planejar seus dias, ao sonhar com o futuro, ao cuidar da sua casa e daqueles que você ama, pergunte-se: "Estou construindo celeiros... ou construindo vidas?" Escolha viver com propósito. Escolha investir no que não se perde com o tempo. Escolha ser lembrada não pelo que acumulou, mas pelo amor que espalhou.

Que seu maior orgulho não esteja nos bens conquistados, mas nos corações que você tocou. Que sua herança não esteja nos cofres, mas na fé viva e no exemplo deixado. Que seu legado seja uma trilha de luz, apontando sempre para o Céu. Você já é rica — em graça, em valor, em propósito. E o melhor: o que Deus está construindo através de você não tem preço e jamais será esquecido.

Conversando com Deus

Amado Deus,

Agradeço pelas bênçãos incontáveis que derramas sobre mim diariamente, mesmo quando estou distraída com as preocupações do dia a dia.

Reconheço minhas falhas e momentos de fraqueza. Muitas vezes, busquei satisfação em coisas passageiras, esquecendo-me do valor eterno do Teu amor. Peço-Te que renoves meu coração e minha mente, para que eu viva de acordo com os Teus ensinamentos.

Perdoa-me pelas vezes em que a ambição e o egoísmo dominaram minhas ações, afastando-me dos Teus preceitos. Concede-me a sabedoria necessária para discernir o que é verdadeiramente importante, para que meus passos sejam firmes no caminho dos Céus.

Ajuda-me a valorizar o que é eterno, a nutrir relacionamentos profundos e significativos, e a agir com integridade e altruísmo, trazendo glória e honra para o Teu nome.

Declaro que minha confiança não estará nos bens deste mundo, mas na obra de Cristo. Entenderei o verdadeiro conceito de riqueza, segundo a ótica do Reino eterno.

Em nome de Jesus,

Amém.

100 A maior declaração de amor

"ELE, PORÉM, FOI TRASPASSADO POR CAUSA DAS NOSSAS TRANSGRESSÕES E ESMAGADO POR CAUSA DAS NOSSAS INIQUIDADES; O CASTIGO QUE NOS TROUXE A PAZ ESTAVA SOBRE ELE, E PELAS SUAS FERIDAS FOMOS CURADOS." (ISAÍAS 53.5)

"Por amor, Jesus levou nossos pecados, entregou-se na cruz e ressuscitou. Não se esqueça de que você foi selada com esse amor."

Há muitas formas de declarar amor. Algumas vêm com palavras doces, outras com gestos delicados, promessas ou até presentes. Mas nenhuma declaração de amor pode ser comparada à que foi feita por Jesus na Cruz. Ele não apenas disse que nos amava; Ele provou. Com sangue, dor, entrega e redenção.

Cristo não veio com aparência majestosa ou títulos humanos. Ele não foi aclamado por multidões como rei glorioso; pelo contrário, foi desprezado, rejeitado, esquecido por muitos. E mesmo assim, escolheu amar. Escolheu sofrer. Escolheu se entregar por mim e por você. Ele levou sobre Si nossas dores, nossas culpas, nossa vergonha. Cada peso que você carrega no peito, Ele já carregou por amor.

Quantas vezes, em meio à correria ou nos dias cinzentos, você se esquece de que já foi amada de forma tão profunda e incondicional? Esse amor não é passageiro, não depende do seu desempenho, nem das suas falhas. É constante, presente, fiel. O sacrifício de Jesus não foi só um ato histórico; foi uma chave que abriu caminho para uma vida nova — aqui e agora.

A entrega de Cristo tem o poder de transformar o seu dia a dia. Quando você se sente cansada demais, lembre-se: há força disponível para continuar. Quando se sente culpada, há perdão. Quando o medo bate, há paz. A Cruz não foi o fim — foi o começo de uma nova história, na qual você é amada, redimida e chamada pelo nome.

Você não precisa conquistar o amor de Deus. Ele já foi oferecido, inteira, plena e imensamente. A maior declaração de amor da história foi escrita com cravos e marcada por ressurreição. Então, querida amiga, viva à altura desse amor. Não com peso, mas com gratidão. Deixe que essa verdade conduza sua rotina, cure suas feridas e reacenda sua esperança. Que o amor de Cristo não seja apenas lembrado, mas vivido. Ele é a razão da sua paz, o alívio para o seu coração e a âncora da sua fé.

> "O SACRIFÍCIO DE JESUS NÃO FOI SÓ UM ATO HISTÓRICO; FOI UMA CHAVE QUE ABRIU CAMINHO PARA UMA VIDA NOVA."

Conversando com Deus

Amado Pai,

Em Tua presença, elevo meu coração em gratidão pelo imenso amor revelado através do sacrifício de Jesus. Sua entrega, ao carregar as dores da humanidade, é a maior expressão de amor que o mundo já conheceu.

Em Tua misericórdia, busco consolo e direção a cada passo da minha jornada. Peço perdão pelas falhas e momentos em que me afastei do amor que me alcançou na Cruz. Que Tua graça me purifique e renove, para viver conforme o legado deixado por Jesus.

Liberta-me das trevas que me cercam; guia-me pelo caminho da justiça e paz. Que Tua luz eterna brilhe em meu coração, afastando o medo e a incerteza. Sustenta-nos na unidade e no amor, para refletirmos Teu amor em nossas ações, sendo luz no mundo, como Teu Filho foi.

Declaro que, mesmo em tempos difíceis, eu sempre me lembrarei do sacrifício de Jesus e encontrarei forças em Seu exemplo. Não me esquecerei de quão amada sou.

Em nome de Jesus,

Amém.

Palavras finais

Querida amiga e mulher de fé,

Você chegou até aqui, encontro após encontro com a Palavra de Deus. Cada devocional foi uma semente lançada em seu coração, e eu creio que, em breve, você contemplará os frutos de fé, esperança e transformação se multiplicando na sua vida.

A jornada com Deus não termina no fim deste livro; ela continua a cada novo amanhecer. Que você siga buscando ao Senhor com intensidade, com fome e sede de Sua presença, sabendo que quem O buscar também O encontrará. Que a sua fé cresça mesmo nos dias difíceis, e que você se lembre de que é amada, sustentada e fortalecida por um Deus que nunca falha.

Portanto, permaneça firme. Ore com ousadia. Leia a Palavra com expectativa. Viva com propósito. E nunca se esqueça: Deus tem planos maiores do que você pode imaginar e a acompanhará em cada passo dessa jornada.

Siga em frente. Siga com fé. E siga com Deus.

Com carinho,

Karina Bacchi

Anotações

Querida irmã,

Tenho mais um convite para lhe fazer!

Vamos juntas crescer ainda mais na fé? Acesse o +Forte Podcast, no meu canal do YouTube [karina.bacchi], e conheça vários testemunhos impactantes e edificantes dos convidados que recebo semanalmente.

Além disso, todos os dias, você pode acessar conteúdos inéditos, como a leitura bíblica de Salmos e Provérbios, e diversas lives feitas com muito carinho para você!

Não deixe de ler também meu livro
+ Forte e Corajosa**,**
uma obra que certamente abençoará você e suas gerações.

Deus a abençoe grandemente.

youtube.com/@karina.bacchi

@karinabacchi
@maisforte.podcast

Acesse o QR-CODE e siga nossas redes sociais.

Esta obra foi composta em *Apolline Std*
e impressa por Gráfica LEOGRAF sobre papel
Offset 70 g/m² para Editora Vida.